Helmut Dröws

Was man aus Predigten und aus Büchern lernen kann

Die Liebe zum Lernen ist der Weisheit verwandt.

Konfuzius, um 551 v. Chr. – 478 v. Chr., chinesischer Philosoph

lassen, indem wir uns der Lektüre guter Bücher widmen…
Johannes R. Becher

**Wenn die Zeit mich überfällt mit Heeresmacht, deren Vortrab Kummer ist und Sorgenmacht, rüst ich meinen Hinterhalt, der glücklich focht unter zwei Emiren:
Buch und Lampendocht.
Aus dem Schoß der Nächte führ` ich dann hervor, Wunder, deren Wahrheit man nicht glaubt zuvor. Und mit ihnen mach` ich mich von Sorgen rein, wie von Sorgen andre rein wohl macht der Wein.
Yakut ar-Rumi 1179-1229**

Gebildet sein, heißt wissen, wo man nachzuschlagen hat.

Danach kann ich also gar nichts Neues mehr aufschreiben, aber finden kann ich es und wenn ich es gefunden habe, gehört es mir, aber ich will es nicht für mich behalten.
Das, was ich weitergeben möchte ist, so will ich besonders hervorheben, nicht mein eigenes geistiges Produkt, sondern eigentlich der Extrakt aus vielen guten Büchern, verbunden natürlich mit meiner persönlichen Meinung.

Was will ich nun mit der Weitergabe meiner Sammlung erreichen? Für mich sind die gesammelten oder gefundenen Gedanken **„Aha-Effekte",** die mich gebildet haben und nicht von der Hand zu weisen sind. Ich habe immer nach der Wahrheit gesucht und sie auch gefunden. Der Suche nach der Wahrheit ist die Suche nach Gott vorausgegangen.

Ich habe Gott gefunden und die Wahrheit und alles Gute dazu.

Ich möchte meine **„Aha-Effekte"** weitergeben und zum Nachdenken anregen.
Es kommt mir dabei nicht so sehr auf eigen Erdachtes an, sondern es geht mir um die große absolute Wahrheit, die man finden und sich zu ihr bekennen muss.
Deshalb habe ich viel Material gesammelt, was daliegt, ohne dass es andere Menschen je gelesen haben.
Trotzdem bemühe ich mich hier um eine umfassende Arbeit, die tiefgründiges, zuweilen wissenschaftliches Denken beinhaltet.
Ein unbestreitbares Merkmal wahrer Wissenschaft ist die Einsicht, wie unbedeutend all das, was wir wissen, im

Vergleich zu dem ist, was sich erschließt. (Lew Tolstoi)
Für jede umfassende Arbeit wissenschaftlichen Charakters erarbeitet man sich Material – aus eigener Beobachtung, aufgrund selbstständigen Nachdenkens und durch Auswertung von Publikationen. Das Material muss festgehalten und zur endgültigen Bearbeitung bereitgehalten werden. Dazu kommen Einfälle, die noch keine stichhaltigen Gedanken sind, aber fruchtbare Ansatzpunkte darstellen; auch sie müssen aufgezeichnet werden.
Gleich woher das Material stammt – man muss es auffindbar, ergänzbar und überschaubar machen. Es muss immer und immer wieder auf den Prüfstand des Denkens gebracht werden. Wer schreibt, will mit seinen Texten wirksam werden, denn dieses Geschriebene nützt uns, **es legt Zeugnis ab!**
Darum sind meine **„Aha-Effekte"** nichts Ganzes, sondern eine Auswahl, ein Extrakt aus vielen Büchern.
Ein Extrakt ist weniger als das Ganze, es ist aber mehr als irgendein beliebiger Teil des Ganzen. Meine Gedanken sind daher nicht eine Miniaturbibel, die für den heutigen Schnellverbraucher das Lesen der Bibel ersetzen könnte. Sie wollen vielmehr „auf den

Geschmack bringen", vom kleinen Teilchen zum Ganzen hinführen. Dass das nicht durch eine schnell hingeworfene Zusammenstellung von Bibelworten, Liedern und Gebeten geschehen kann, sondern nur durch eine mühevolle, verantwortliche Arbeit unter ständigem Gebet, das wird jedem Einsichtigen klar sein.

Doch hat das Extrahieren und Konzentrieren, das Auswählen und herauslösen immer auch seine Probleme. Alles Zitieren aus größeren Zusammenhängen muss sich die Frage gefallen lassen, ob der ursprüngliche Sinn durch das kurze Zitat erhellt oder entstellt wird.

Doch warum eigentlich nicht? Eine Parole muss nicht immer einen abgerundeten und vollständigen Satz bringen. Es genügt, wenn sie einen Gedanken zum Aufleuchten bringt. Es genügt, wenn wir den **„Aha-Effekt"** erkennen und darüber nachdenken. Gerade in der Unabgeschlossenheit kann die Anregung liegen, sich weiter damit zu befassen.

Je häufiger man diese Texte liest, die Bibel zur Hand nimmt, desto besser!

Wer sich die kleine Mühe macht, ein wenig den Umkreis der Texte und Sprüche bzw. Losungen abzuleuchten, wird oft überraschende

Verbindungen entdecken. Und dabei kann noch mehr herauskommen als Entdeckerfreude und Bibelkenntnis. Es kann geschehen, **dass wir die ausgestreckte Hand des Herrn selbst zu Gesicht bekommen mitten in den Wogen, die uns umgeben.**
Zunächst fühlt man sich durch eine Bibelstelle getroffen, weil sie in die eigene Situation und Existenz trifft.
Dann beginnt das Gedachte abzusinken. Bei irgendeiner späteren Gelegenheit erinnert man sich wieder daran: „wie war das eigentlich damals?" In diesem Lebens- und Verstehensprozeß erweist sich mir die Bibel als das Buch der göttlichen Wahrheit.

Die Bibel ist nicht ein leeres Wort an euch, sondern sie ist euer Leben! (5. Mose 32, 47)
So, als Lebensbuch gelesen, erweisen sich die Texte der Bibel und ihre Auslegungen in den Predigten immer neu als eine in uns wirkende Kraft.

Die Texte müssen unser Herz treffen. Dann nehmen wir Kraft und Leben aus ihnen. Sie treffen unser Herz oft nach wiederholtem Lesen und deshalb ist die Wiederholung „die Mutter der Weisheit!"

Das Wort muss uns erreichen. Aber leider muss manches Wort sehr oft gesagt werden, bis es bei uns ankommt und aufgenommen wird.

Folgende Sprüche sind bestimmend in meinem Leben – **sie sind bei mir angekommen:**

„Wer nun mich bekennt vor den Menschen, den will ich bekennen vor meinem himmlischen Vater – spricht Christus. (Matth.10,32)"

„Rechtes Denken lässt das Herz mitreden!"

„Der Anfang alles wertvollen geistigen Lebens ist der unerschütterliche Glaube an die Wahrheit und das offene Bekenntnis zu ihr!"

„Man muss das Gute in sich stark machen, damit das Ungute keinen Raum in uns hat!"

„Lass die Liebe bestehn, denn sie kann nie vergehn, sie ist alles was zählt auf der Welt! Sie ist Wahrheit und Licht, wie ein schönes Gedicht, das man liest und den Sinn dann nie wieder vergisst!"

„Anfang des Reiches Gottes ist, dass Gesinnung des Reiches Gottes unser Denken und Tun beherrschen!"

„Der letzte Sinn unseres Lebens ist nicht in Gott zu handeln, sondern in Gott zu versinken!"

Den Sinn meines Lebens habe ich so formuliert:

„Hingebung meines Seins an das unendliche Sein ist Hingebung meines Seins an alle Erscheinungen des Seins, die meiner Hingabe bedürfen und denen ich mich hingeben kann.
Nur ein unendlich kleiner Teil des unendlichen Seins kommt in meinen Bereich. Das andere treibt an mir vorüber, wie ferne Schiffe, denen ich unverstandene Signale mache. Dem aber, was in meinen Bereich kommt und was meiner bedarf, mich hingebend, verwirkliche ich die geistige, innerliche Hingebung an das unendliche Sein und gebe meiner armen Existenz damit Sinn und Reichtum.

Der Fluss hat sein Meer gefunden."
Helmut Dröws

Geduld

Tief lag auf den Fluren der glitzernde Schnee, da bin ich durch den Wald gegangen.
Ich sah die Zweige beschwert vom Schnee herab auf den Boden fast hangen.

Fast brachen sie unter der drückenden Last, sie schwankten und ächzten ohn` Ruh` und Rast, doch wurden nicht kleiner, nicht leichter die Lasten, nichts half sie ihr stöhnendes Klagen, sie mussten die Lasten eben tragen.

Im milden März kam ich wieder vorbei, warm lachte die Sonne hernieder.
Die Spatzen und Finken, sie sangen so frei ringsum ihre fröhlichen Lieder.
Und wie auf die Zweige Frau Sonne so lacht, da tropft`s von denselben hernieder mit Macht und höher erheben sie leis sich und sacht.
Bald standen sie stolz und erhoben, der drückenden Last nun enthoben.

O, Menschenkind, lerne Du von der Natur!
- So muss ich im Stillen mir sagen –
Oft drückte eine Last dich, ist klein sie auch nur, so meinst Du, Du müsstest verzagen.

Dann siehst Du nur Finsternis rings um Dich her
der Kummer erscheint Dir wie endloses Meer.
Von Stunde um Stunde wird`s schwerer und schwer.
Du meinst an der Last zu erliegen und lässt Dich von Kleinmut besiegen.

O, trage geduldig, was Gott Dir beschert, und lasse Dein Jammern und Klagen.
Und wenn Dich auch manches Mal Trübsal beschwert, streb nie das „Warum" zu erfragen.

Sei stille! Bald, bald kommt ein wärmender Strahl und küsset so süß Dir hinweg die Qual.
Und nimmt allen Kummer und Schmerz Dir zumal.
Dann kannst Du das Haupt frei erheben und glücklich und froh wieder leben.

Wo finde ich Jesum?

Jesus, Heiland, Du Helfer mein,
wo find` ich Dich, wo kann ich immer bei Dir sein?
So fragt meine Seele still,
wenn mancher mich verspotten und verhöhnen will.

Seh` ich die Welt mit ihren Plagen,
die Menschen, wie sie irdschen Zielen nur nachjagen,
die Stimme meines Herzens spricht:
Hier findest Du Jesum nicht!

Nicht Ruhe ist und Frieden in diesem Erdental,
Angst, Nöte, Leid und Tränen vergrößern oft die Qual.
Mit vielen bösen Worten schlägt man mir ins Angesicht
Und immer muss ich erkennen ach, hier ist Jesus nicht!

Doch eine Stätte weiß ich, da gibt es keine Last,
da findet mein Herz Frieden nach aller Tageslast.
In Gottes Haus ist es, wo strömt so selgè Ruh`,
so ich möchte` gerne weilen, ja – täglich – immerzu!

Apostelworten lauschen, verkündet durch Boten laut,
aus Sängermund auch hören, Weisen, die so vertraut.
Ja, das sind Heimatklänge, mein Herz geht freudig mit,
hier fühl` ich, ach, wie selig: Hier find ich Jesum Christ!

O, Gotteskind, vernimm es, versäume keine Stund`,
wo Du kannst freudig sein, gläubig erneuern den Gnadenbund.
Im Suchen und im Bitten, wird` immer offenbar,
dann wirst gewiss Du finden, Jesum, den Herrn fürwahr!

Gott hat Dich lieb!

Du kennst den Spruch, in Gottes Wort
geschrieben voll Trost und heilger Mahnung
auch für Dich. Es spricht der Herr: „Ich liebe, die
mich lieben und die mich frühe suchen, finden
mich!"
Du hast ihm feierlich Dein Wort gegeben, bis in
den Tod dem Herrn getreu zu sein,
schenk ihm Dein junges Herz, Dein ird`sches
Leben,
dann ist das lieblichster der Lose Dein.
Und wenn Du täglich suchst mit treuem Flehen
des Heilands gnadenreiches Angesicht,
so wird sein Friedensodem Dich umwehn, Du
wirst ihn finden wie sein Wort verspricht.

Und über Deinem Haupte steht geschrieben,
wohin auch Gottes Führung leite Dich,
dies Segenswort: „Ich liebe, die mich lieben und
die mich frühe suchen, finden mich!"

Was tat Jesus für mich?

Für mich verließ er den himmlischen Thron
Für mich ward der des „Menschen Sohn"
Für mich ist er im Stall als Kindlein geboren
Für mich hat er seine Apostel erkoren
Für mich zog er segnend durchs heilige Land
Für mich ward er heimatlos, arm und verkannt
Für mich hat er im Garten gekämpft und gerungen
Für mich hat er betend den Tod dort bezwungen
Für mich traf ihn Verleugnung, Spott und Hohn
Für mich trug er die Dornenkron`
Für mich sie ihn gekreuzigt haben
Für mich seine Hände mit Nägeln durchgraben
Für mich ward ein Fluch er – von Gott verlassen
Für mich brach sein Herz da – das konnt` es nicht fassen
Für mich er hinab zu den Toten stieg
Für mich klang es jauchzend im Himmel: „Sieg!"
Für mich sprengt er siegreich des Grabes Tor
Für mich fuhr er zum Himmel empor
Für mich empfing er Macht, Herrschaft und Kron`
Für mich steht er bittend vor Gottes Thron
Für mich hält er im Himmel die Wohnung bereit
Für mich wird er einst kommen in Herrlichkeit.

Das vierte Gebot

Hans, sagt der Lehrer, nenn von den Geboten
dass, was zu wissen nötig dir,
woran dein Wohlergehn gebunden! Das Vierte
mein ich, sage mir!
Was soll dein Schweigen denn bedeuten? Weißt
du es nicht, warum so still?
Muss doch mal deine Mutter fragen, was aus dir
noch werden will.

Gesagt getan, am nächsten Morgen klopft es an
Meiers Tür` an.
„Herein", ruft eine leise Stimme, worauf der
Lehrer eintritt dann.
Gefesselt an ein Krankenlager liegt da ein treues
Mutterherz,
dem Lehrer reut`s, dass er gekommen muss ja
erhöhn der Armen Schmerz.

Nach einem Ausweg sucht er eifrig, doch fällt
zur Stund` ihm gar nichts ein.
Er blickt umher im kleinen Stübchen, s`ist alles
sauber, nett und rein.
Jetzt fühlt er fragend auf sich ruhn der Mutter
ängstlich bangen Blick:
„O, sprecht, was hat mein Kind verschuldet?"
Nun kann und darf er nicht zurück.

Ach liebe Frau, ich komm zu fragen, wie Hans
zu Hause sich benimmt?
Denn in der Schule lernt er wenig, ist kein
gewecktes , fleiss` ges Kind.
Nur selten kann er Antwort geben, denn mit dem
Wissen hat es Not.
Erst gestern in der letzten Stunde wusst` er nicht
mal das vierte Gebot.

Verändert sind der Kranken Züge, ganz
leuchtend strahlt ihr Angesicht,
der Lehrer staunt, denn er begreift die Wirkung
seiner Worte nicht.
Da richt` sich auf ihr schlaffer Körper, ihr Blick
ist nicht mehr ängstlich bang,
als sie nun anhebt zu erzählen, erhält selbst ihre
Stimme Klang!

Es tut mir leid, dass in der Schule mein Sohn
gerade das nicht kann.
Doch glauben sie, der brave Junge er steht hier in
der Tat den Mann.
Frühmorgens, wenn noch alle ruhn, mein
Hänschen schon ans Tagwerk geht,
und nicht mit Murren und mit Klagen, nein, nein
mit Freuden und Gebet!

Er putzt und fegt das kleine Stübchen, bereitet flugs das Morgenbrot,
besorgt die Kleinen, hilft dem Vater, sorgt auch, dass ich nicht leide Not.
Bevor er dann zur Schule geht, sieht freundlich er zur Tür herein:
„Leb Wohl, mein liebes teures Muttchen, darfst heute doch nicht traurig sein."

So geht es Mittag und auch Abends, der Junge hat nicht Rast noch Ruh`, ja, manche stille Freudenträne presst er mir aus, seh` ich ihm zu.

„Und nun, Herr Lehrer, urteilt selber," so fragt ihr strahlend Angesicht,
„kennt Hans das vierte der Gebote, kann er es, oder kann er`s nicht?"

Der Lehrer trocknet seine Tränen, ergreift die welke Frauenhand und
Spricht mit sehr bewegter Stimme von tiefer Rührung übermannt:
„Ich gratuliere euch zu dem Jungen, er ist ein wahrer braver Sohn, kann mehr als ich, **denn nicht das Wissen allein, das Tun erwirbt den Lohn!**"

Tief will ich mir schreiben in Herz und Sinn,
dass ich nicht für mich auf Erden bin.
Dass ich die Liebe, von der ich leb`, liebend an
andre weitergeb`!

Lern` bitten auch im Nichtversteh`n , **„Dein
Wille, Herr, geschehe!"**
Nicht murrend wirst Du hernach seh`n, dass es
zu Recht bestehe.

Von der Erkenntnis angefacht, dass Gott nie
einen Fehler macht, erkennst Du: auch das
herbste Leid gestaltet zur Vollkommenheit.

Eher sterben als die Treue brechen!

Wer da fährt nach hohem Ziel, lern am Steuer
ruhig sitzen.
Unbekümmert, ob am Kiel Lob und Tadel hoch
aufspritzen.

Ring Dich hindurch zur Dankbarkeit in allen
Lebenslagen.
Dem Vater nur vertrau Dein Leid, er hilft Dir
alles tragen.
Denn was er zulässt dient gewiss, dem
vorgesteckten Ziel.

Sieh, dafür tut man nie genug, hier gibt es kein
„zu viel!"

„Du musst", das ist ein hartes Wort. „Du sollst",
so spricht der Herr.
„Du kannst", das ist Dir freigestellt. „Ich will",
das ist mein Hort.

Not ist die Waage, die des Freundes Wert erklärt.
Not ist der Prüfstein auch von Deinem eignen
Wert.

Über Nacht kommen Freude und Leid, über
Nacht verlassen Dich beid`.
Was Du erlitten, trag es still und denk, das ist
Gottes Wille.

Freud oder Leid in dieser Zeit – beschau`s im
Licht der Ewigkeit.
Freud oder Leid in Ewigkeit – Du hast die Wahl
in dieser Zeit.

Schlägt die Hoffnung fehl, nie fehle Dir das
Hoffen.
Ein Tor ist zugetan – und tausend andre stehen
offen.

Er macht es nicht, wie wir gedacht. Er macht es besser als wir denken.

Wenn Du in des Lebens Stürmen bist verzagt und Dein Herz voll Sorge
mutlos bangt und klagt – zähl die vielen Gnadengaben, denke dran und
vergiss im Kummer nicht, was Gott getan!

Sich selbst zu bekämpfen ist der allerschwerste Krieg.
Sich selbst besiegen ist der allerschönste Sieg.

Wir alle sind Säer! Wir streu`n die Saat des Wort`s, der Gedanken, des Willens, der Tat, ins eigene Herz, in die Seelen der anderen, mit denen wir wirken, schaffen und wandern.

Jed` Körnlein wird wachsen im Lichte, im Regen.
Streu achtsam! Wir streu`n zum Leid oder Segen!

Willst Du die Welt und ihren Sinn ahnend begreifen, musst Du selber an Seele und Sein wachsen und reifen!

Willst Du der Menschen tiefernstes Tun fühlend versteh`n, musst Du im eigenen Herzen auf Grund gehen und sehen!
Erst wenn Du selbst Dich gefunden hast durch Überwinden, wirst Du den Weg zu Lust und Weh anderer finden.

Steine, die im Wege liegen, gibt`s so viel, und wir werden, Steine finden bis ans Ziel.
Steine aus dem Wege räumen, dass die Bahn für die anderen freier werde – himmelan.

Das sei unsere Losung froh und still, ob man auch so recht der Mühsal achten will. Ob`s uns selber auch ermüdet, denn allein wer sich in Demut beugt, der hebt den Stein.
Große, kleine, spitze gibt`s so viele und wir werden Steine finden bis ans Ziel.
Gottes Vaterauge auf uns sieht, ob wir uns im Steinelesen recht gemüht.

Erscheinen meines Gottes Wege mir rätselhaft und schwer und geh`n die Wünsche, die ich hab` still unter in der Sorge Meer. Will trüb und schwer der Tag verrinnen, der mir nur Schmerz und Qual gebracht, dann soll ich mich auf eins besinnen:
„dass Gott nie einen Fehler macht!"

Wenn mir zu hoch des Herrn Gedanken, zu tief der Brunnen seiner Huld, wenn alle Stützen haltlos wanken, die Kraft mir fehlt und die Geduld. Wenn gar mein Blick kein Ziel mehr findet bei langer tränenvoller Nacht, ein Glaubensfünklein dennoch kündet:
„dass Gott nie einen Fehler macht!"

Weiß ich den Weg auch nicht, du weißt ihn wohl, das macht die Seele still und friedevoll. Ist doch umsonst, dass ich sorgend mich müh´´, dass ängstlich schlägt das Herz –
sei´s spät, sei`s früh.

Du weißt den Weg für mich, du weißt die Zeit, dein Plan ist fertig und liegt bereit,
drum wart` ich still, dein Wort ist ohne Trug, du weißt den Weg für mich, das ist genug.

Ein großes Glück auf einen Schlag, wen trifft's, so heiß wir`s auch ersehnen.
Gott schenkt uns stets, solang wir leben, ein bisschen Freud an jedem Tag.

Du bist ein Königskind von höchstem Adel, ein Königskind bist Du, vergiss das nicht!
Dein Wappenschild sei rein und ohne Tadel, der Adel liegt auf Deinem Angesicht.

Was in des Vaters Reich sich nicht darf zeigen,
das lass auch in Dein Herz nicht hinein!
Auf dunklen Wegen sollst Du stille schweigen
und warten auf des Vaters Sonnenschein.

Mag aus jedem dunklen Steg ein heller
Sonnenweg Dir werden. Bring ein liebes
Wegelicht durch Dein freundlich Angesicht.
Trage Sorgenschatten fort durch ein festes
warmes Wort.
Schenk des Herzens Sonnenglut, Liebe,
Frohsinn, frischen Mut, Freudenstrahlen hol
herein! Leben muss ein Lichtweg sein.

Der Mensch kann nichts Höheres erstreben im
Kampfe mit Sorge und Not, als ein gutes
Gewissen im Leben und einen Namen im Tod.

Friede auf Erden

„Friede auf Erden" – wer hat es gesprochen,
wer rief das Wort in die Welt hinein,
in diese Welt, die von Unrast zerbrochen,
von Tränen durchtränkt ist, von Schmerzen und Pein,
in diese Welt der unseligen Kriege,
da ein Volk sich wider das andere empört,
in diese Welt der satanischen Lüge,
die den Frieden nicht fördert, sondern zerstört?

Wie seufzet unter der Macht des Bösen
der Mensch, den die ewige Liebe erschuf!
Doch Gott will die Sündengebundenen erlösen,
drum sandt er den Sohn mit dem heiligen Ruf:
„Friede auf Erden!"

Warum ist damals nicht Friede geworden?
Weil man dem Ew`gen ins Angesicht schlug!
Man ließ den König der Wahrheit ermorden,
weil man sein heiliges Licht nicht ertrug!

Und dennoch, dennoch – das Wort vom Frieden,
es überdauert den Wechsel der Zeit,
ob Krieg und Hölle auch toben hinieden,
das Wort hat ewige Gültigkeit!

Seit zwei Jahrtausenden wird es gesungen,
vererbend sich fort von Geschlecht zu Geschlecht,
in aller Rassen und Völker Zungen,
denn des Königs Botschaft behält ihr Recht:
„Friede auf Erden"

„Friede auf Erden" – ein ständiges Mahnen
ist es an unsre friedlose Zeit!
„Friede auf Erden" – o seliges Ahnen
ferner, zukünftiger Herrlichkeit.

„Friede auf Erden" – wie Glockenklingen
schwingt es dahin übers Totenfeld.
„Friede auf Erden" – wie Engelsingen
Tönt es hernieder aus himmlischer Welt!

Weihnacht will es nun werden,
gnadenverkündende, selige Zeit.
Öffnet die Ohren, ihr Menschen auf Erden,
höret das Wort aus der Ewigkeit:
„Friede, Friede auf Erden!"

Das Glück kann Menschen scheiden – Weh
bindet fester nur!

Jesu Todesurteil

Ein ergreifendes Urteil – das Todesurteil vom Herrn Jesus.
Wir finden es in einer Publikation einer Kommission der Pariser Vereinigung für Künste in den Pariser Jahrbüchern für Geschichte und seine Echtheit
ist in keiner Weise beanstandet worden! Das Urteil wird in hebräischer Sprache
Von Teserta aufbewahrt und lautet nach der Übersetzung ins französische, aus der
es verdeutscht ist, wie folgt:
Urteil, gesprochen von Pontius Pilatus, Landpfleger von Nieder-Galiläa,
dahin lautend, dass Jesus von Nazareth den Kreuzestod erleiden soll.
Im 17. Jahr der Regierung des Kaisers Tiberius und am 25. Tage des Monats März in der heiligen Stadt Jerusalem, als Ananas und Kaiphas Priester und Oberpriester waren.

Pontius Pilatus, Landpfleger von Nieder Galiläa, verurteilt Jesus von Nazareth, an einem Kreuze zwischen Zwei Schächern zu sterben, da große notorische Zeugnisse des Volkes aussagen:
  1. Jesus ist ein Verführer
  2. Er ist ein Aufwiegler

3. Er ist ein Feind des Gesetzes
4. Er nennt sich fälschlich Gottes Sohn
5. Er nennt sich fälschlich König von Israel
6. Er ist in den Tempel getreten, von einer Menge Volks,
    Palmen in den Händen trugen, begleitet.

Dies befiehlt dem ersten Conturionen (Hauptmann) Quirilus Cornelius, ihn zum Richtplatz zu führen und verbietet allen armen und reichen Personen, den Tod Jesus zu hindern.
Die Zeugen, welchen den Urteilsspruch über Jesus unterzeichnet haben, sind:
1. Daniel Roboni, Pharisäer
2. Johannes Zerabatel
3. Raphael Roboni Schriftgelehrter.

Jesus wird aus der Stadt Jerusalem geführt werden durch das Tor Sirena.

Kinder – Erziehung

Mehr als allen guten Worten und Ermahnungen folgt das Kind dem guten Beispiel seiner Eltern oder Erzieher. Manch mahnendes Wort entschwindet dem Gedächtnis wieder, aber der rechtschaffene, gottesfürchtige Wandel eines Vaters, das Bild einer tugendsamen, frommen Mutter bleibt unvergessen und mahnt, wenn der Mund längst nicht mehr mahnen kann. Mehr als allem Wort der Eltern folgt das Kind dem Beispiel und Vorbild der Eltern, dem lebendigen Eindruck ihrer Person und Taten.

Der Morgen ist die Kindheit für den Tag, wie das Herz gestimmt wird, so bleibt es meist den ganzen Tag. Mit zuversichtlichem, aufrichtigem Gebet und unerschütterlichem Gottvertrauen den neuen Tag begonnen, heißt soviel, als wir haben ihn mit Gottes Segen schon halb gewonnen! Denn Gott gibt das Vollbringen des erbetenen Guten. Gute Vorbereitung am Morgen ist also Erziehung für den ganzen Tag, wie Herzensbildung und gute Erziehung in der Jugend weittragend für das ganze fernere Leben ist.
Das Bestreben unserer Zeit geht dahin, das Alte, das Gute, Bewährte beiseite zu werfen und

Neues aufzubringen. Und es finden sich auch törichte Leute genug, welche sich überreden lassen und es mit dem Neuen halten. Sie fragen nicht, ob dieses Neue einen größeren oder den gleichen oder weit geringeren Wert hat wie das Alte. Wenn es nur modern ist, dann ist` gut. So möchte man verschiedentlich auch das Christentum über Bord werfen und den modernen Halb- oder Unglauben an seine Stelle setzen. **Ist das aber klug gehandelt?**

Glaube leitet uns durchs Leben, lässt uns himmelaufwärts streben durch der Liebe starkes Band. Glaube all und jeden Tag! Glaube, ob`s auch stürmen mag! Glaub` erst recht auf dunkler Spur!
Denn mancher ist arm bei großem Gut, und mancher ist reich bei seiner Armut!

Sieh, die Tage eilen hin – kannst ein Lächeln Du erneu`n, nur ein Kinderherz erfreu`n,
halt nichts Gutes für zu klein, denn was wir in Tat und Wort Gutes säten da und dort,
das besteht und wirket fort, während Tag um Tag vergeht.
Wie viel Gutes kannst Du tun! Sieh, die Tage eilen hin.

Wer lehren will, muss lernen! Der größte Lehrer, von Gott gekommen, war Jesus Christus, denn er lehrte sein Leben und lebte seiner Lehre. Er sagte:**"Ein Beispiel habe ich Euch gegeben"**. Er übte eine bedingungslose Nachfolge im Gehorsam seinem Sender gegenüber.
Glauben und Nachfolge sind wesentliche Grundzüge der Lehre Christi. Sind auch wir „Gehilfen des Glaubens". Unsere Worte haben nur Wert, sofern sie von der **Liebe** getragen sind.

Ein Arzt: „Aus meiner langen Praxis kann ich bestätigen, dass ich die größte Geduld im Ertragen von Schmerzen an christlichen Krankenbetten gefunden habe. Der Tod, vor dessen Anblick so manches geld- oder wissensstolze Weltkind ich erbeben sah, hat für die Christen seine Furchtbarkeit verloren. Es liegt etwas Weltüberwindendes, sieghaftes in dem christlichen Glauben.
Eine Religion, die den Todesschrecken zu überwinden imstande ist, muss vom Himmel sein."

Kannst Du nicht Baumeister sein, behaue nur fleißig einen Stein –

Fehlt Dir auch dazu Kraft und Ruh, dann trag`
wenigstens Mörtel herzu.

Beneide nicht, die auf den Höhen des Lebens
stehn,
verhöhne nicht, die unten gehen und mühsam
gehen.

Es ist der Höh` vom Licht beschieden der erste
Strahl.
Im Sturme bietet Schutz und Frieden – das stille
Tal.

Wohin Dich Gott gestellt auf Erden, nur treu sei
dort.
So wird das wahre Glück Dir werden an jedem
Ort.

Es sind nicht alle Herzen zum Einschreiben
zubereitet, manche sind wie Löschpapier, da
zerfließt die Schrift und wird unleserlich, andere
sind hart, da haftet die Schrift nicht, etliche aber
sind gedemütigt, da kann der liebe Gott seinen
Geist und Willen hineingeben, solche sind eine
Wohnstätte für ihn.

Mehr Gottvertrauen!

Dem Advokaten, der oft ungetreu, vertraust Du, wenn Du einen Rechtsstreit hast, dem Fuhrmann traust Du, wenn Du reisen willst, dem Schiffer, wenn Du auf dem Wasser fährst, dem Arzt vertraust Du Leib und Seele an, wenn Krankheit Dich unverhofft befiehl.
Das Kind vertraut den Eltern, auf den Mann verlässt das Weib sich und die Schwester auf den Bruder. So verlässt ein jeder Mensch auf Menschen sich. Und auf den höchsten Gott, auf ihn, der doch allein unsterblich ist, wahrhaftig, gnädig, mächtig, gut und treu, so wenig sich verlassen, noch ihm traun! O, sage doch, wie kann das möglich sein?

Dein Name kommt darin auch vor!

Ein Holländer, der sich am Kap angesiedelt hatte, sah einmal einen Hottentotten in der Bibel lesen und sagte verächtlich zu ihm: „Leg das Buch fort, das ist nicht für deinesgleichen!" Ruhig antwortete der Schwarze: "Es ist doch für mich, Herr!" „Wie willst du denn das wissen?" „Nun, war dieselbe ruhige Antwort, weil mein Name darin vorkommt!" „Deine Name", fragte der Holländer erstaunt. „Wo denn?" „Hier Herr", sagte der Mann, indem er auf die eben aufgeschlagene Seite zeigte und den Finger auf den Spruch legte: „Das ist je gewisslich wahr und ein teuer wertes Wort, dass Christus Jesus gekommen ist in die Welt, die Sünder selig zu machen" (1. Tim.1.15). Und dann fügte er hinzu: "Sünder", das ist mein Name, und deswegen ist das Buch auch für mich!"

Der Angel- und Drehpunkt unseres menschlichen Lebens, zumal aber eines arbeitsreichen und verantwortungsvollen Lebens – das ist mir klarer geworden von Jahr zu Jahr – liegt nur einzig und allein in der Stellung, die man zu seinem Herrn und Heiland einnimmt".
                Kaiser Wilhelm II.

Auf sturmentfachten Wellen muss rettungslos zerschellen mein Schiff an Teufels Klippen! Ein Weh hallt von den Lippen! Hilf, Jesus, errette mich, streck aus die Hand!
Stürmt ihr auch, Höllengeister, doch zittert vor dem Meister! Ein Wort, und Dräun und Toben ist in ein Nichts zerstoben vor ihm, der im Apostelamt auch über mich hält seine Hand.
Wer eine Wohltat nicht mit Dankbarkeit vergilt, trübt selbst die Quelle sich, die ihm den Durst gestillt.

Fußspuren Gottes

Vor vielen Jahren ritt ein französischer Gelehrte mit einem Araberstamme durch die Wüste Sahara. Es war einer von denen, die wohl unter den Männern der Wissenschaft berühmt sind, aber den Urheber aller Wissenschaften nicht kennen. Nur mit Lächeln bemerkte der Franzose, dass der arabische Häuptling der Schar, der stets an seiner Seite ritt, zu bestimmten Zeiten auf dem heißen Sande niederkniete und andächtig seine religiösen Übungen verrichtete, Tag für Tag verging, und nie vergaß der Araber sein Gebet, bis ihn endlich der Gelehrte höhnisch fragte: **„Woher weißt du, dass es einen Gott gibt?"** Der Araber heftete einen Augenblick seine Augen erstaunt auf den Spötter und sagte dann ernst: „Woher ich weiß, dass es einen Gott gibt? Woher wüsste ich, dass ein Mensch und nicht ein Kamel gestern Nacht an meinem Zelt vorüberging? Erkannte ich es nicht an der Spur seines Fußes im Sande?"
Allerdings – war die Antwort! Dann zeigte der Wüstensohn auf die Sonne, deren letzte Strahlen über die einsame, öde Wüste leuchteten, und sagte im feierlichsten Tone: **„Das ist nicht die Fußspur eines Menschen!"**

Ich klopfe an!

Ich klopfe an zum heiligen Advent und stehe vor der Tür.
O, selig, selig, wer die Stimme kennt und eilt und öffnet mir!
Ich werde Nachtmahl mit ihm halten, ihm Gnade spenden, Licht entfalten.
Der Himmel wird ihm aufgetan, **Ich klopfe an!**

Ich klopfe an, da draußen ist`s so kalt in dieser Winterszeit.
Vom Eise starrt der finstre Tannenwald, die Welt ist eingeschneit.
Auch Menschenherzen sind gefroren, ich stehe vor verschlossnen Toren.
Wo ist ein Herz, den Heiland zu empfah`n? **Ich klopfe an!**

Ich klopfe an, sprich nicht es ist der Wind, er rauscht im dürren Laub.
Dein Helfer ist`s, dein Herr, Dein Gott, mein Kind! O, stelle Dich nicht taub!
Jetzt komm ich noch im sanften Sausen, doch bald vielleicht im Sturmesbrausen.
O, glaub es ist kein eitler Kinderwahn. **Ich klopfe an!**

Ich klopfe an, jetzt bin ich noch Dein Gast und
steh vor Deiner Tür.
Einst, Seele, wenn Du keinen Leib mehr hast,
dann klopfest Du bei mir!
Wer hier gefolgt ist meinem Worte, dem offen
steht die Friedenspforte!
Wer mich nicht will, der wird auch nicht
empfahn`n. **Ich klopfe an!**

Teile Deinen Geist zwischen Körper und Geist.
Man muß den einen unterhalten, um den anderen
zu erhalten.
Entbehren heißt nicht unglücklich sein! Für jeden
Menschen gibt es Dinge, auf die zu verzichten er
sich gewöhnen muss.

Das Gebet ist des Glaubens Tochter, aber die
Tochter muss die Mutter ernähren.

Es gehört viel Überwindung dazu, gut von denen
zu sprechen, die schlecht über uns reden.

Es ist eigentlich recht sonderbar, dass Männer
voll Glauben in der Nachreformationszeit die
einheitliche apostolische Wirksamkeit und damit
nur ein apostolisches Christentum anerkannt
haben.

Gottfried Büchner schrieb im Jahre 1740 in seiner Hand-Konkordanz, Seite 70, über die Apostel folgendermaßen:
„Die Apostel bleiben für die Christen aller Zeit ehrwürdig durch das Lehransehen, das sie für die Christen aller Zeiten behaupten.
Wir sind von Christus nachdrücklich an sie gewiesen, er will sie, wie sich selbst gehört wissen (Matth. 10.40) (Lukas 10.16.) erklärt die, die seine Jünger verwerfen, für höchst strafbar (Matth. 10.14.15) **und sagt voraus, dass die, die künftig an ihn glauben, durch der Apostel Wort zum Glauben gelangen.(Joh.17.20).**
Er konnte ihnen dieses Ansehen beilegen, nicht nur weil sie Augenzeugen seines Lebens gewesen, sondern auch weil sie den höhern Beistand des Geistes empfingen, welches beides (Joh.15.26.27) scharf unterschieden wird. Daraus folgt, dass der Apostel Lehre Jesu Lehre, dass der Unterschied zwischen einem „apostolischen und christlichen Christentum" ganz unstatthaft in dem Sinne Jesu geradezu zuwider ist, **und dass, wer den Aposteln den Glauben versagt, keine Gewähr mehr hat, um es über Christi Lehre zur Gewissheit zu bringen, und** dass er vernünftigerweise aufhören muß, ein Christ zu sein, **da es gar kein anderes Christentum geben kann als das apostolische".**

Wer den Heiligen Geist besitzt, kann prüfen und erkennen, was von Gott oder von einem fremden Geiste kommt. Der Apostel Paulus sagte: "Der natürliche Mensch vernimmt nichts vom Geist Gottes, es ist ihm eine Torheit und er kann es nicht erkennen". (1.Kor,2.14.)
Der Geist Gottes kann **alle** Geister prüfen, weshalb die geisterfüllten Kinder Gottes imstande sind, Geister unterscheiden zu können. Alle Geister, einerlei in welchem Lehrsystem sie auch tätig sein mögen, brechen vom dem ab, was ursprünglich der Heilige Geist gelehrt hat, oder sie setzen etwas dazu, was aber der Herr unter schwere Strafe gestellt hat.

Der Adler fliegt allein, der Raabe scharenweise – Gesellschaft braucht der Tor und Einsamkeit der Weise!

Gedenket an Eure Lehrer, die Euch das Wort Gottes gesagt haben, ihr Ende schauet an und folgt ihrem Glauben nach. (Hebräer 13.7)
Die Kirche ist nicht eine menschliche Einrichtung für menschliche Zwecke, sondern Gottes Schöpfung für seine Zwecke.

Jesus hat uns durch sein eigenes Beispiel Steuern zu geben, geboten, wie er selbst sie dem römischen Kaiser gab, laut seiner Worte: „Gebet dem Kaiser, was des Kaisers ist und Gott, was Gottes ist!"(Markus 12.17) Demgemäß lehnte er auch alle Macht über die Dinge dieser Welt ab.(Lukas 12.14) „Wer hat mich zum Richter über euch gesetzt?" Und als sie ihn mit Gewalt zum König machen wollten, ging er hinweg und entzog sich ihnen.(Joh. 6.15). Ebenso hat er, als er vor dem römischen Landpfleger gebracht wurde, dessen Macht anerkannt, indem er sagte: "Mein Reich ist nicht von dieser Welt" – „Wäre mein Reich von dieser Welt, meine Diener würden wohl kämpfen."

Aus apostolischer Rundschau 1909:
Der liebe Gott gibt erst das Geringe, und dann das Bessere und zum Schluss das Beste, die volle Herrlichkeit! Das Beste wollen alle, aber das Geringe in den Aposteln passt nicht jedem, es ist vielen zu geringe.
Die Speise, welche der Teufel anbietet, ist der Begierde und Notwendigkeit des natürlichen, materiellen Menschen entsprechend, wonach ihn hungert. Ist im Herzen eine Begierde nach menschlicher Ehre, etwas sein zu wollen, so bietet der Teufel entsprechend den Gelüsten die Lockspeise in verführerischer Weise. Der Hunger Jesu war: „eins zu sein mit seinem Vater

– seines Senders und seines Vaters Willen zu tun."

Der Geist Gottes führt in die Wüste, um da vom Teufel versucht zu werden, zwecks der Bewährung. Da gibt es auch mancherlei Not, Elend, Krankheit und Schicksalsschläge. Wo dann der Teufel nicht ein Tröster ist, sondern sagt: „Nun sieh` mal, wenn du ein Kind Gottes bist, dann ist es doch nicht recht von deinem Gott, sieh mal, dir müsste es doch als Kind Gottes ganz anders gehen, das sind doch Steine, all dieses Elend. So wurde zu Jesus auch vom Versucher gesagt. Darin musste der Herr Jesus aber erst das Examen der Treue und Festigkeit zu seinem himmlischen Vater ablegen. So auch wir, Gott lässt diese Versuchung zu, um uns aufwachsen zu lassen im Gehorsam.

Sei tapfer, sei fröhlich bei wenigem Gut, den Kopf immer oben, nie wankend den Mut.
Bleib ehrlich, wahrhaftig im Treiben der Welt, mit rechtlichen Waffen behältst Du das Feld.
Und wirst Du auch müde am sausenden Rad, Geduld pflügt den Acker – still keimt drin die Saat. Was sein möge Dein Alter, Dein Amt oder Stand, **Gott segnet das Schaffen der pflichttreuen Hand.**

Wünsche Dir entflohene Stunden heller Freuden nie zurück, denn das Glück ist nie verschwunden, was verschwindet ist kein Glück.

Regeln für die Hausfrau
Tu alles mit Liebe, selbst kochen und nähen, backen und flicken, dann wird es schon gehen.
Tu alles mit Liebe, mahn freundlich dein Kind, dann lernt es gehorchen aus Liebe, nicht blind!
Tu alles mit Liebe, sei Mutter und Frau, lern helfen und tragen und schlichten genau.
Tu alles mit Liebe, mach freundlich dein Haus – dem Mann und den Gästen, die eingehn und aus.
Tu alles mit Liebe, hilf gern in der Not – Teil freudig mit Ärmeren dein tägliches Brot.
Tu alles mit Liebe, **dann strahlt dir zurück, aus Augen und Herzen der Menschen das Glück.**

Jesus sagte: „Würde ich euch von himmlischen Dingen erzählen, ihr würdet es nicht fassen!"
Menschen irren, aber nur große Menschen erkennen ihren Irrtum!
Die meisten sehen in ihren Nebenmenschen eben nur Nebenmenschen.

Rastlos vorwärts musst Du streben, nie ermüdet stille stehn, willst Du die Vollendung sehen, musst ins Breite dich entfalten – in die Tiefe musst Du steigen, soll sich das Beste zeigen.

Selbstbeherrschung
Durch Leiden wird des Menschen Herz geläutert, Leiden führen zu Gott, Leiden machen den Schwachen stark, Leiden entwickeln die Selbstständigkeit des Charakters. Schmerzen der Seele und Schmerzen des Körpers werden in gleicher Weise von Gott dazu gebraucht, den Geist und die Denkungsweise, das Gefühl und Herz, den Glauben und die Hoffnung zu veredeln, bei demjenigen zeigt sich die Frucht solcher ziehenden Liebe Gottes, der Mitleidende zu trösten weiß.
Lerne Leiden, ohne zu klagen! Dir erwächst im Schmerz die herrliche Frucht, das fest gegründete Vertrauen auf Gottes Hilfe, dem allein Du dich in deinem Schmerze anvertrauen kannst.

Wenn es auch schien, als müsste Jesus in seinem Leiden unterliegen, so errang er dennoch den größten Sieg.

Teufel, Hölle und Unrecht triumphierten über ihn, aber er wusste, dass diese Leidensbahn kein Weg ins Verderben war. Jesus, wusste, dass er nach überstandener Trübsal die Krone der Herrlichkeit empfangen wird. Lassen auch wir uns durch Leiden und Trübsale sowie Schwächen anderer Menschen niemals aufhalten.
Hat geheiligtes Innenleben den äußeren Mensch in Gewalt, so ist es herrlich.
Wer die Wahrheit wissen will, darf nicht zu einem Lügner gehen!
Wohl dem, der erkennt, wer der Redende ist und was geredet wird. Den Glauben an die Auferstehung Christi haben viele Menschen verloren. Es ist keine kleine Zahl, welche die Auferstehung des Gottessohnes leugnet. Für uns kommt jedoch ein solches Verhalten nicht in Frage, denn solche Menschen sind den Gottesoffenbarungen gegenüber blind.
Wenn ein Blinder keine Bäume und keine Sträucher sieht und infolgedessen sagen würde: "da stehen keine Bäume, da stehen keine Sträucher, so wird dennoch der Sehende das Gegenteil behaupten. Der Herr hat uns die Augen geöffnet für seine Werke, und darum glauben wir felsenfest an die Auferstehung Christi, denn wir haben klare, **unzweifelhafte Beweise** dafür.

Jesus sagte: „Suchet in der Schrift, sie ist`s, die von mir zeuget" (Joh.5.39)
Ferner sagte er zu den Seinen: „Ihr werdet meine Zeugen sein bis an der Welt Ende" (Apostelgeschichte 1.8) Auch wies er darauf hin, „Der Geist der Wahrheit, der vom Vater ausgehet, der wird zeugen von mir. (Joh.15.26)
Es sind also drei Zeugen angeführt: Die **Schrift, die Gesandten des Herrn und der Geist der Wahrheit.**
Wer Gott fürchtet, folgt nicht seinem eigenen Kopfe. Die Seelen, die Gott fürchten, achten nur auf das Wort der Apostel. Die echte Gottesfurcht zeigt sich im peinlichen Gehorsam zum Wort, das der Herr als sein Wort durch den Mund seiner Knechte redet. In solchem Gehorsam beweist man die freiwillige Anerkennung der göttlichen Autorität und Größe, seinen heiligen Willen und seine Offenbarung in der Sendung, sowie den gebührenden Respekt vor seinem Worte.
Richte nie den Wert des Menschen schnell nach einer kurzen Stund. Oben sind bewegte Wellen, doch die Perle liegt im Grund.
Trachte nie viel zu gewinnen, sondern trachte viel zu sein. Was Du hast kann Dir zerrinnen, was Du kannst, bleibt ewig Dein.

Frisch durch`s Leben wandre – sprich wahr –
erwäg nicht lang – verlass Dich nie auf andere
und rechne nie mit Dank.
Mit jedem Hauch entflieht ein Teil des Lebens,
nicht beut als Ersatz für das, was Du verloren,
drum suche früh ein würdig Ziel des Strebens, es
ist nicht Deine Schuld, dass Du geboren, doch
Deine Schuld, wenn Du gelebt vergebens.
Gut kann man geboren sein, **aber gütig wird man.**
Jeder Mensch gehört einem geistlichen Reich an,
ebenso, wie er auch eine natürliche
Staatsangehörigkeit besitzt. Wie es auf
natürlichem Gebiete Länder und Völker gibt, so
gibt es auch auf geistlichem Gebiet mancherlei
zersplitterte Bereiche. Es können im natürlichen
Leben viele Menschen in einer Gemeinschaft
leben (Familie, Arbeitsstätte) und dennoch
gehören sie entsprechend ihrem inneren Wesen
grundverschiedenen geistlichen Bereichen an.
Wie der Mensch im natürlichen Leben irgendwo
ein Bürger- und Heimatrecht besitzt, so ist er
auch nach seiner ursprünglichen Bestimmung ein
Heimatberechtigter für das Reich Gottes.
Eine gute Tat ist erst dann ganz gut, wenn man
auf Dank und Anerkennung verzichtet.

Von diesem Geist getrieben, sagte einst der Prophet: „Es ist dir gesagt, Mensch, was gut ist und was der Herr von dir fordert, nämlich Gottes Wort halten und Liebe üben und demütig sein vor deinem Gott." (Micha 6.8)
Das Wissen um die biblischen Wahrheiten beeinflusst heute das Leben nicht mehr, auch da nicht, wo man die Zeichen der Zeit wohl sieht, jedoch nicht mehr im Zusammenhang bringen will oder kann, mit dem, was für diese Zeit verheißen ist.
Wenn Dich 99 Menschen getäuscht haben, d.h. Du Dich in ihnen getäuscht hast, so misstraue dennoch nicht dem hundertsten, denn seine Liebe kann Dich für alles Leid reich entschädigen.
Klatsch jeder Art bekundet nicht allein leere Herzen, sondern auch hohle Köpfe.
Ehe Du fremden Schmutz Schmutz nennst, reinige Dich selber.
(Offenbarung 22.13) Jesus: „Ich bin das A und das O, der Anfang und das Ende, der Erste und der Letzte!"
(Matth. 27.46) „Mein Gott, mein Gott warum hast du mich verlassen?"
Alle Jünger – außer Johannes – hatten ihn verlassen bzw. gingen nicht bis unters Kreuz.
Die Gerichtszeit löst die Gnadenzeit ab (Noah, Jesus, damaligen Apostel **waren einziges**

Erlösungswerk). Gott offenbart sich durch seinen Geist immer in einer Einheit, **niemals aber in einer Vielfalt.**
Die vielen Geister, die in die Welt ausgegangen sind, (1. Joh. 4.1.) können wohl von Gott sprechen, und auf Gnade und Vergebung hinweisen, **aber niemals solches spenden**, da sie nicht von Gott gesandt sind, Erlöserdienste zu tun. Ohne diesen Geist empfangen zu haben, kann niemand eine Erlöserarbeit ausführen. Wohl kann man einen Vortrag halten oder über göttliche Dinge reden, aber erlösen kann nur der in Menschen ausgegossene Geist der Liebe und der Errettung.
Es gibt im Leben nichts Schlimmeres als die „Liebe" zu verlieren.
Die Wissenschaft, die zwar Naturgesetze anerkennt und lehrt, aber denselben nicht auf den Grund geht, diese ist durch ihre Sündenschuld so geistestot, dass sie das Nächstliegende nicht sieht, was doch jedes Kind erkenn kann, nämlich, dass wo ein Naturgesetz ist, auch ein Meister der Natur als „Gesetzgeber" da sein muss!, der diese Ordnung festgelegt hat,
Wo kann die Nacht eindringen? Da, wo die Sonne schwindet!
Ein großer Streich schien dem Teufel zwar gelungen durch den Fall Adams.

Ein noch größerer Streich gelang ihm – den Herrn ans Kreuz zu bringen, aber noch endlos herrlicher ist der Triumph **des Göttlichen.**
Der Apostel Paulus schrieb an die Römer: „Was aber zuvor geschrieben ist, das ist uns zur Lehre geschrieben, auf das wir durch Geduld und Trost der Schrift Hoffnung haben." (Römer 15.4)
Mit dem Augenblick, indem sich unser Geist beeinflussen lässt, geht die Gabe der Unterscheidung verloren, man weiß in einem solchen Zustande nicht, ob die Gedanken, die unseren Geist beschäftigen, von Gott oder von einem anderen Geist erzeugt sind.
Je näher wir dem Ziele kommen, desto heißer wird der Kampf.
Die göttliche Predigt, die von den Gesalbten des Herrn verkündet wird, und von allen aufrichtigen Gotteskindern, welche die Wahrheit von ganzem Herzen lieben, bewirkt eine fortlaufende Reinigung von allen Gott missfälligen Gedanken, Worten und Werken.
Nur der göttlichen Liebe und dem dienenden Geiste Christi ist es möglich, uns zu Trägern des Lichtes, des Lebens und der Wahrheit zu gestalten.
Unser Zeugnis, das wir ablegen, **ist nicht das Ergebnis des Forschens in der Schrift,** sondern ein Erzeugnis dessen, was wir gesehen, gehört

und in unserem Herzen empfunden haben. Dieses Zeugnis ist wahrhaftig, denn wir beweisen es durch unsere Tat, indem wir in der Lage sind, selbst für unsere Feinde bitten zu können.

Wer mit Christus herrlich werden will, muss ihm erst im Leiden ähnlich werden.

Teuer ist mir der Freund, doch auch den Feind kann ich nützen. Zeigt mir der Freund was ich kann, lehrt mich der Feind, was ich soll.

„ Allen Menschen, die mich kennen, gebe Gott, was sie mir gönnen!"

Nicht das, was wir verdienen, sondern das, was wir ersparen, macht uns wohlhabend. Nicht das, was wir essen, sondern das, was wir verdauen, macht uns stark. Nicht das, was wir lesen, sondern das, was wir behalten, macht uns gelehrt. Nicht das, was wir beabsichtigen, sondern das, was wir tun, macht uns tüchtig. Man muss das lieben, was man tut, und dann wird jede Arbeit, sogar die gröbste, zur Schöpfung.

Gott regiert die Welt

Nicht der Mensch und sein Wille drehen an dem Rad der Zeit,
nein, ein andrer in der Stille treibt es schon die Ewigkeit.
Lesbar ist`s am Sternenzelt: Gott allein regiert die Welt.

Nicht der Mensch und seine Werke sind die Quelle unsrer Zeit,
Menschensinn und Menschenstärke bringen nur Vergänglichkeit.
Ewig lebt, der alles hält, Gott allein regiert die Welt.

Menschengeist wird nie ergründen, was dem Glauben offenbar.
Christi Liebe wird`s verkünden, seine Wahrheit macht uns klar,
weil der Mensch zu Staub zerfällt, ist nur Gott der Herr der Welt.

Der Kritiker: Ein Mensch, der eine besondere Freude daran hatte, die Schwachheiten der Christen hervorzuheben und zu kritisieren, kam einst zu einem Schmied und zog über die Mängel der Christen in gewohnter Weise los. Der Schmied hörte ihn still an und fragte, als der

Redende eine Pause machte: „Hast du schon in der Bibel gelesen?" „Gewiss", erwiderte der Kritiker selbstgefällig. „Hast du auch das Gleichnis vom reichen Mann und armen Lazarus gelesen?" examinierte der Schmied weiter. „Selbstverständlich" war die Antwort.
„Nun", antwortete der Schmied, „du erinnerst mich an die Hunde in jenem Gleichnis".
„Wieso?" fragte der andere erstaunt. „Ei", sagte der Schmied, „die Hunde taten weiter nichts, als dass sie die Geschwüre des armen Lazarus leckten, und mir scheint, dass du es ebenso machst, du suchst nur die kranken Stellen an den guten Christen, für das Gute an ihnen fehlt dir das Verständnis." Da schwieg der Kritiker und ging kleinlaut weg.

2. Korinter 12.9 **„Lass dir an meiner Gnade genügen, denn meine Kraft ist in den Schwachen mächtig".**

Das Elternhaus ist die erste und wichtigste Schule des Charakters. Hier empfängt die noch zarte Seele die Eindrücke, die ihr die bestimmte Richtung geben, sei es zum Guten oder Bösen.

Die Bibel:

Kein Buch beansprucht so viel für sich, wie die Bibel.
Kein Buch hat so erbarmungslos alle Übel angegriffen, wie die Bibel.
Kein Buch wurde so bitter gehasst und so innig geliebt, wie die Bibel.
Kein Buch ist auf so heftigen Widerstand gestoßen, wie die Bibel.
Kein Buch ist heute so viel übersetzt und wird in so vielen Sprachen von so vielen Menschen auf allen Bildungsstufen studiert, wie die Bibel.
Sie erhebt den Anspruch, dass sie göttlichen Ursprungs ist. (2.Tim.3.16)
Sie erhebt den Anspruch, dass sie von Ewigkeit her bestanden hat. (Psalm 119.89, Matth. 24.35)
Sie erhebt den Anspruch, dass sie die absolute Wahrheit ist. (Psalm 119.151, Joh. 17.17)
Jesus sagt: „So ihr bleiben werdet an meiner Rede, so seid ihr meine rechten Jünger und werdet die Wahrheit erkennen und die Wahrheit wird euch frei machen."

Wie soll ein Aposteldiener sein?
Ein Diener muss sein ganz groß und ganz klein,
vornehmen Sinns, weil aus Königsgeschlecht,
einfach und schlicht, wie ein Bauernknecht.
Ein Held, der sich selbst bezwungen, ein Mensch, der mit Gott gerungen,
ein Quell voll heiligem Leben, ein Sünder, dem Gott vergeben,
ein Herr dem eignen Verlangen, ein Diener den Schwachen und Bangen,
vor seinem Sender sich beugend, zu den Geringsten sich neigend,
ein Schüler vor seinem Meister, ein Führer im Kampf der Geister,
ein Bettler mit flehenden Händen, ein Herold mit goldenen Spenden,
ein Mann auf den Kampfesstätten, ein Weib an den Krankenbetten,
Ein Greis im Schauen, ein Kind im Trauen,
nach Höchstem trachtend, das Kleinste achtend,
gestimmt zur Freude, vertraut dem Leide,
weitab vom Neide, im Denken klar, im Reden wahr,
des Friedens Freund, der Trägheit Feind,
feststehend in sich, nicht trauend dem ich.

Die kleinste gute Tat ist viel besser als die größte gute Absicht.

Vertraue den Menschen, die nach der Wahrheit suchen, hüte dich aber vor denen, die sie gefunden haben.

Es gibt viele kluge Menschen, doch wenige, die eine Herzensbildung besitzen!

Die Wahrheit richtet sich nicht nach uns, sondern **wir müssen uns nach ihr richten!**

Man muß Gott mehr gehorchen als den Menschen!

Der Glaube kommt aus der Predigt!

Wachet und betet, dass ihr nicht in Anfechtung fallet!
Bete, als ob alles von Gott abhängt und handle, als ob alles von Dir abhängt!

Sondern der Größte unter euch soll sein wie der Jüngste, und der Vornehmste wie ein Diener!
Ein Beispiel habe ich euch gegeben, dass ihr tut, wie ich euch getan habe!
Mörder dürfen ihn ins Antlitz schlagen, doch der Jünger traf sein Herz!

Mancher Sturm löst trockene Äste vom Baum, die gesunden werden zwar **bewegt**, aber sie bleiben fest!
Gehorsam kann man erzwingen, doch Liebe und Einsicht nicht!

Wer aus der Ewigkeit kommt, hat auch Zeit für die Ewigkeit!

Jesus stieg auch einmal auf einen Berg, um zu beten. Damit wollte er uns gewiss sagen, dass wir eine Höhe erreicht haben, wenn wir uns in kindlichem Gebet an den himmlischen Vater wenden. Nirgendwo ist so klare Himmelsluft, wie auf dem Berg des Gebets. Den Aufstieg sollten wir zur Gesunderhaltung unserer Seele so oft wie möglich machen.

Die Heilige Schrift nennt uns manchen Namen von solchen, die sich von falschen Rücksichten leiten ließen und dabei zuschanden wurden – denken wir nur an Saul!
Sie berichtet aber auch von Männern, die sich in den schwersten Prüfungen bewährten und sich dem Willen des Herrn auch da beugten, wo sie ihn nicht verstanden – wir denken dabei an Hiob und Abraham.

Wer das höchste Ziel, das einem Menschen erreichbar ist, anstrebt,
kann nicht so leben, wie alle anderen!

Die Schule des Lebens kennt keine Ferien!

Aber der Herr ist der Höchste und bleibet ewiglich!
Gott kennt die Menschen genau, er weiß, wie es in ihnen aussieht!
Ihre Meinung, mehr zu scheinen, als sie wirklich sind, und Ruhm und Ehre zu beanspruchen, wo demütiges Selbstbescheiden am Platze wäre, hat schon die ersten Menschen im Paradies zu Fall gebracht. Darum hat er seinen Sohn zum Vorbild gesetzt. Ihm war alle Vollmacht gegeben. Er gab sich hin in selbstlosem Dienen an anderen. In der Welt bringt das Dienen wollen weder Ruhm noch Ehre. Man will auch nicht dienen, sondern herrschen. Anders ist es bei Gott. Er hat seinen Apostel geboten, dass der Größte unter ihnen der Diener aller sein soll.
Der Dienst am anderen darf nicht erfolgen, um das eigene Wirken ins Licht zu rücken.
Unser Licht können wir auslöschen und den aus uns leuchten lassen, der in uns lebt.
Um dessentwillen dürfen Christen in dieser Welt auffallen.

Dem Herrn näher kommen heißt doch, ihm immer ähnlicher werden.
Wer diese meine Rede hört und tut sie, den vergleiche ich einem klugen Mann, der sein Haus auf einen Felsen baute (Matth.7.24).
Wär Christus tausendmal in Bethlehem geboren und nicht in Dir, Du gingest doch verloren!
Micha 5.1: „Und du Bethlehem im jüdischen Lande, bist mitnichten die kleinste unter den Fürsten Judas, denn aus dir soll mir kommen der Herzog, der über mein Volk Israel ein Herr sei".
Jeremia: „Auf dem Gebirge hat man ein Geschrei gehört, viel Klagens, Weinens und Heulens. Rahel beweint ihre Kinder und will sich nicht trösten lassen, dass sie nicht mehr sind."

Er soll Nazarener genannt werden!
Wie der ewige Gott seinen Sohn dem Zugriff des Herodes entzog, so wird er auch die in Sicherheit bringen, die aus dem Geiste seines Sohnes sein Eigentum geworden sind. Dazu Lukas 17.7.8: „Sollte Gott nicht auch retten seine Auserwählten, die zu ihm rufen Tag und Nacht, und sollte er`s mit ihnen verziehen? Ich sage euch: Er wird sie erretten in einer Kürze".

Wisset ihr nicht, dass ich sein muss, wo mein Vater ist? Er nahm zu an Alter, Weisheit und

Gnade bei Gott und den Menschen! Er saß mitten unter den Schriftgelehrten, als ob er zu ihnen gehörte, sie nahmen seine Rede ernst und gingen auf das ein, was er sagte.

Unwillkürlich fragen wir uns, warum wohl keiner von den weisen Männern aus dieser so besonderen Stunde einen ewigen Gewinn mitnahm. Es gehörte gewiss nicht zu ihren alltäglichen Erlebnissen, dass ihnen ein zwölfjähriges Kind Rede und Antwort stand und die Heilige Schrift auslegte. Der verheißene Messias war mitten unter sie getreten, aber sie erkannten ihn nicht. Mit sehenden Augen sahen sie nichts und mit hörenden Ohren hörten sie nichts, wie nahe sie dem Geheimnis Gottes und seines Reiches auch gekommen waren.

Jene wunderbare Begebenheit auf den Fluren Bethlehems, vermochte sie einst nicht aufzustören und die Worte Jesu gingen auch jetzt an ihren Herzen vorüber.

Jeremias 1.12: „Ich will wachen über mein Wort, dass ich`s tue!"

Prüfet die Geister, ob sie von Gott sind, denn es sind **viele falsche** Propheten ausgegangen in die Welt".

Wer wachsam ist, erkennt den Geist, der ihn beschäftigt und die Atmosphäre, in der er sich bewegt.

Epheser 6.12: „Wir haben nicht mit Fleisch und Blut zu kämpfen, sondern mit Fürsten und Gewaltigen, nämlich mit den Herren der Welt, die in der Finsternis dieser Welt herrschen, mit den bösen Geistern unter dem Himmel."

Es ist nicht einerlei, welchem Geiste man die Führung seiner Seele anvertraut. Geht man in ein unbekanntes Gebiet, so wählt man sich einen Führer, von dem man überzeugt ist, das er einen ans Ziel bringen kann. Dass sich viele Geister als Führer anbieten, erleben wir jeden Tag. Der Grundgedanke ist doch bei allen, unseren Geist und unsere Seele – wenn auch nur für eine gewisse Zeit – in Besitz zu nehmen, um uns in derartigen Augenblicken für ihren Zweck zu verwenden und sich durch uns zu offenbaren. Es lässt sich daraus erklären, weshalb es oft für einen Außenstehenden so schwer ist, sich dem Werk Gottes anzuschließen, wenn er einen Apostolischen noch in der Gewalt eines anderen Geistes sieht. Durch derartiges Verhalten wird manche suchende Seele behindert, die gegenwärtige Offenbarungsstätte des Herrn aufzusuchen. Würden wir uns in jeder Weise und überall vom Geiste Christi führen lassen, so bestände für viele Außenstehende kein Zweifel, dass die apostolische Kirche Gottes Werk ist.

Wer sich nichts sagen lässt, ist auf dem Wege der Gottlosen!
Unsere gegenwärtigen Verhältnisse sind nicht rosig zu nennen. Auch Gottes Volk muss viele Widerwärtigen erdulden, was uns nicht einerlei und gleichgültig lassen kann. Wenn es uns aber nicht so ergeht, wie wir es gerne haben möchten, so kommt leicht die Unzufriedenheit, besonders dann, wenn man auf andere sieht, denen scheinbar alles in den Schoß fällt, trotzdem sie weder beten noch nach Gott fragen.
Im Betrachten derartiger Zustände könnte es uns oftmals wie dem König David ergehen, der sagte: „Ich aber hätte schier gestrauchelt mit meinen Füßen, mein Tritt wäre beinahe geglitten. Denn es verdross mich der Ruhmredigen, da ich sah, dass es den Gottlosen so wohl ging". Psalm 73.2.3
Demnach waren damals die Verhältnisse für die Getreuen ebenfalls bitter und unangenehm. Wo wir hinblicken stürmt das Völkermeer – auch sind in den letzten Jahren manche Berge eingestürzt, worunter wir Menschen verstehen, die über Macht und Gewalt verfügen.

Laut 1.Korinther 3.16 schreibt der Apostel Paulus: „Wisset ihr nicht, dass ihr Gottes Tempel seid und der Geist Gottes in euch wohnt?"
Die Gemeinde zu Korinth war also ein Tempel Gottes zu jener Zeit. In der Urkirche hat es mitunter furchtbar gestürmt. Die verschiedenen Christenverfolgungen waren sicherlich nicht leicht für die Betroffenen. Einerseits gab der liebe Gott solch köstliche Verheißungen und andererseits ließ er zu, dass man seinem Volke das Vermögen wegnahm, seine Kinder den grausamsten Verfolgungen preisgab und sie tötete, wie man nicht ein Stück Vieh hinschlachtet.
Wenn der Herr von Bewahrung spricht, meint er damit nicht die natürliche Bewahrung, den natürlichen Leib, die natürlichen Güter, sondern wie Jesus sagte: „Fürchtet euch nicht vor denen, die den Leib töten können – fürchtet euch aber vielmehr vor dem, der Leib und Seele töten kann in der Hölle." (Matth.10.28) und nach Matth. 6.33 sprach der Herr: „Trachtet am ersten nach dem Reich Gottes und nach seiner Gerechtigkeit, so wird euch solches alles zufallen!"
Wenn wir die leibliche Hülle abgelegt haben, wird das Rätsel gelöst, warum dies oder jenes sein musste. Dann werden wir finden, dass auch nicht das Geringste an der göttlichen Führung

auszusetzen ist und alles recht war, was der Herr zugelassen hat.
Irret euch nicht, Gott lässt sich nicht spotten! Denn was der Mensch sät, das wird er ernten
Galater 6.7

Wer den Herrn ehrt, den ehrt er wieder und wer ihn verachtet, der wird auch von ihm verachtet! Es ist dem Herrn nichts verborgen, er kennt die Menschen von ferne und deshalb ist Gottesfurcht auch aller Weisheit Anfang.
Er sucht diejenigen, die sich vor ihm **demütigen**, und lässt die Stolzen und Hochmütigen zuschanden werden. Es gibt keine Sorge, die wir ihm nicht zu Füßen legen könnten, er weiß auch da Rat, wo sich für uns keine Tür mehr auftut und sich keine Antwort mehr finden lässt.
Nicht das erhöht einen Menschen vor dem Herrn, was ihm die Welt an äußerem Reichtum und Macht anhängt, sondern eine ihm wohlgefällige Herzensstellung, ein demütiger Sinn und alle die Tugenden, die der Heilige Geist bei denen hervorbringt, die sich von ihm führen und leiten lassen.
Eine Glaubenserfahrung ist, wenn man augenblicklich tut, was einem der Knecht des Herrn gebietet und der Herr bekennt sich zu

diesem Gehorsam, wie auch zum Wort seines Knechtes.

Im Allgemeinen ist jeder selbst gern Führer! Sich von einem anderen führen zu lassen, ist nicht leicht. Wenn man sich einem Führer anvertraut, heißt es doch, "Vorsichtig sein!", denn man vertraut sich nicht jedem an., Der Apostel Johannes schrieb auch: „Prüfet die Geister, **ob sie von Gott sind!" 1.Joh. 4.1**

Wie viele Führer gibt es heute auf religiösem Gebiet! Jede Bewegung hat ihren Führer. Gottes Volk hat aber auch seinen Führer, den Gott dazu erwählt hat. Der Herr wird wie zu allen Zeiten seinen Knecht, aber auch dessen Wort und Arbeit bestätigen.

Wir wollen aber nicht in der Selbsterwählung, in dem Selbstvertrauen durch die Zeit gehen. Schon damals als Jesus von dieser Erde gegangen ist, hat er Sorge getragen, dass sein Volk nicht ohne Führer war. Bei der Erwählung des Apostel Petrus hat er gesagt: „Weide meine Lämmer! Weide meine Schafe!" (Joh. 21.15.16) Mit diesen Worten hatte Jesus das Weiden seiner Schafe, einem von ihm erwählten Menschen anvertraut. Dieser Führer, der dem Herrn Jesus seine Schafe anvertraut hatte, hat sie nach dem Sinne geweidet und geführt, der ihm den Auftrag dazu erteilt hatte. Den Aposteln des Herrn wurde zu Pfingsten der Heilige Geist übermittelt, damit sie imstande waren, den Schafen Christi eine himmlische Weide zu bereiten, dem Volke Gottes als Führer voranzugehen und den Weg zur ewigen Heimat nicht nur zu zeigen, sondern auch auf demselben voranzuwandeln.

Die Grundbedingung ist und bleibt aber: das Volk muss sich an den Führer halten, dessen Stimme gehorchen, das Leben nach seinem Wort einstellen und sich davor hüten, dem Führer ins Angesicht zu sehen, denn alle, die im Besserwissen voraneilen, können das Ziel nicht erreichen. Wir wollen deshalb immer hinter dem Führer bleiben, denn darauf ruht der Segen.

Der Herr hat klar gesagt, wer als Führer zum Himmelreich in Frage kommt. Der Heilige Geist ist in die von Gott erwählten Personen gegeben, die aber zu diesem Amt und zur Empfangnahme des Geistes **keiner menschlichen Vorbildung bedürfen**. Kein Mensch kann durch seine Vorbildung einen Anspruch darauf erheben, dass ihm der liebe Gott den Heiligen Geist geben müsse, weil er sich habe ausbilden lassen. Der Herr nimmt als Führer, die er will, und nicht solche, die sich dafür halten.

Zur Zeit Israels war es für diese kaum glaubhaft, dass Mose, der die Schafe seines Schwiegervaters in der Wüste gehütet hat, von

dem Herrn als Helfer und Erlöser zubereitet und gesandt war. Konnte David bei seiner Schafherde wissen, dass er zum König Israel auserwählt werden sollte?
Der Herr wird unserer Feinde Feind und unserer Widersacher Widersacher sein und uns nicht umkommen lassen.
Wachsamkeit und Nüchternheit ist die erste Grundbedingung, wenn man vom Gegner nicht überwältigt werden will.
Betrunkene und Schlafende haben weder Fähigkeit noch Macht, einen Feind rechtzeitig zu entdecken und zu überwinden. Nüchtern sein heißt: den Geist nicht mit nutzlosen Dingen belasten. (1.Joh.4.1)

Schon oft sind wir durch das Wort der Predigt oder den Gesangchor aufgefordert worden:
„ Mache dich auf und werde Licht!" (Jesaja 60.1)
Wäre keine Möglichkeit zur Ausführung dieser Aufforderung vorhanden, so wäre dieselbe für uns zwecklos.
Jesus hat zu seinen Aposteln gesagt: **„Ihr seid das Licht er Welt!"** (Matth.5.14)
Allen Aufrichtigen und Ehrlichen kann es nicht einerlei sein, ob sie **Lichtesträger** sind, oder in der Finsternis wandeln. Wir können **nur eins von beiden** sein, entweder Licht oder Finsternis.

Das Wort der göttlichen Predigt, kann aus Menschenkinder Gotteskinder machen. Wunder in unserer Zeit! Und bei allen aufrichtigen Gotteskindern, welche die Wahrheit von ganzem Herzen lieben, eine fortlaufende Reinigung von allen gottmissfälligen Gedanken, Worten und Werken, bewirken. Solche Seelen können aus voller Überzeugung mit dem Apostel Johannes sagen: „**Wir haben gesehen.**" (1.Joh.4.14) Dies ist eine ganz andere Sache, als wenn man etwas Gedrucktes liest oder nachspricht. Mit voller Überzeugung können wir daher sagen: "Jesus Christus gestern, heute und derselbe auch in Ewigkeit!" (Hebräer 13.8)

1.Joh.4.14 – Wäre dem nicht so, wie könnten wir behaupten: "Wir haben gesehen und zeugen, dass der Vater den Sohn gesandt hat zum Heiland der Welt."

Wenn jemand etwas bezeugen will, muss er unter allen Umständen etwas **gesehen** haben oder etwas wahrgenommen haben, sonst wird er als Zeuge überhaupt nicht angenommen. Der Apostel Johannes war damals eine zeitlang mit dem Sohn Gottes gewandelt, mithin konnte er bezeugen, **etwas gesehen und gehört** zu haben. Darum war es ihm auch möglich den Herrn zu beschreiben. Hatte er dies später auch in seinen Predigten getan, den Herrn, der ihm persönlich

bekannt war, seinen Zuhörern vor Augen gemalt. Er kann vielleicht, wenn es angängig war oder passend erschien, darauf hingewiesen haben, was wir keinesfalls in Abrede stellen wollen. Johannes hatte aber immer den Herrn so bezeugt, wie er ihn zeitgemäß erkennen und wahrzunehmen vermochte. Warum beschrieb er den Apostolischen der Urkirche, dass der Sohn Gottes als der Auferstandene und zur Höhe Gefahrene eine Gegenwartsperson sei, indem er sagte: „Dieser ist`s, der da kommt und der Geist ist`s, der da zeugt, denn der Geist ist die Wahrheit" (1.Joh.5.6-8)
Gott ist Licht und das Licht wird in seiner Auswirkung erkannt. Der Herr segnet uns in den Trägern des göttlichen Lichtes, die von ihm in unserer Zeit gesandt sind. Wir haben die Segnungen in der Heiligen Taufe, dem Heiligen Abendmahl und der Spendung des Heiligen Geistes hingenommen. Diese Bundestaten sind dieselben, wie sie der Sohn Gottes durch die Träger des göttlichen Lichtes in der Urkirche anbieten ließ. So wie damals alle, die in diesem Lichte wandelten, zu Trägern des himmlischen Lichtes wurden, genauso dürfen wir uns in gegenwärtiger Zeit derselben Gnadentat unseres Gottes rühmen und dürfen solches bezeugen. Nachdem uns die göttlichen Lichtesstrahlen

erreichten, sind wir von der Nacht zum Licht und aus dem Irrtum zur Wahrheit geleitet worden.
1.Mose 4.7 „Bist du aber nicht fromm, so ruhet die Sünde vor der Tür, und nach dir hat sie verlangen, du aber herrsche über sie!"
Römer 8.14 „Welche der Geist Gottes treibt, das sind Gottes Kinder!"
Der Apostel sagt: **„Ich werde keinem fremden Geist gestatten, mich als Werkzeug zu benutzen!"**
Jesus durfte sagen: „Und der mich gesandt hat, ist mit mir. **Der Vater lässt mich nicht allein, denn ich tue alle Zeit, was ihm gefällt!"** Joh. 8.29
Seine Jünger erlebten die Erfüllung der Verheißung, dass sie die Kraft des Heiligen Geistes empfangen würden, und von dieser Kraft getrieben, wurden sie lebendige Zeugen des Auferstandenen. So ist es bis heute bei den Aposteln Jesu und denen, die ihnen folgen, geblieben.
Der Heilige Geist treibt uns nicht in die Welt, sondern in das Haus des Herrn und letzten Endes dem Himmel zu. Achten wir doch darauf wohin und wozu wir getrieben werden, um daran zu erkennen, ob es der Heilige Geist ist!

Der Beauftragte des Herrn wird daran erkannt, dass er zu den Gefangenen sagt: „Geht heraus!" oder wie es an anderer Schriftstelle heißt: „Er zerbricht eherne Türen und zerschlägt eiserne Riegel" (Psalm 107. 10-16)
Um diese Arbeit wirklich ausführen und Seelen aus den Gefängnissen der Sünde führen zu können, **muss auch die Macht vorhanden sein.** Es kann wohl irgend jemand an die Gefängnisse herantreten und den Gefangenen zurufen: „Kommt heraus!" Ist aber die betreffende Person nicht von der Obrigkeit beauftragt, so werden sich die Türen des Gefängnisses niemals öffnen, denn sie besitzt keine Macht über die Wächter und Aufseher.

In einer Stadt war ein Mädchen, das eine höhere Schule besucht hatte und sich mit Philosophie beschäftigte. Diesem wurde das Zeugnis vom Werke Gottes verkündigt, worüber es sich aber lustig gemacht hat: „Wie kann man denn noch so etwas glauben? Gott braucht doch keine Menschen, damit wir selig werden. Wenn ich an den großen Gott, der alles geschaffen hat und der die ewige Liebe ist, glaube, dann bedarf ich keiner Menschen. Die Apostel sind auch nur Menschen!"

„Man kann auch ohne menschliche Hilfe in den Himmel kommen."

Der liebe Gott ist diesem Mädchen aber wunderbar begegnet. Es ging mit mehreren Mitschülerinnen, ein Gefängnis zu besichtigen. Da das Mädchen philosophisch veranlagt war und alles von dieser Seite aus betrachten wollte, konnte es nicht umhin, auch einen Blick in das Innere der Gefängniseinrichtung zu tun. Der Wärter führte die Schüler überall herum, und so kamen sie auch zu den Zellen, die für Schwerverbrecher eingerichtet waren. Nach kurzer Besichtigung ging die Gruppe unter Führung des Aufsehers weiter. Als die anderen gingen, blieb das betreffende Mädchen an einer Schwerverbrecherzelle stehen, die offen stand und leer war. Es ging in die Zelle hinein und besah sich alles. Um einmal zu sehen, wie ein Gefangener hinter verschlossener Tür ist, machte das Mädchen hinter sich die Tür zu, dachte aber nicht daran, dass die Türen nicht von innen geöffnet werden können, sondern nur von außen durch den Beauftragten, der die Schlüsselgewalt besitzt. In den ersten Augenblicken war das Mädchen über seine Lage recht vergnügt. Schließlich fing es an zu rufen und zu schreien, aber niemand hörte es. Der Führer schien übersehen zu haben, dass eine

Teilnehmerin fehlte. Nun überfiel das Mädchen eine furchtbare Angst. Die Minuten wurden zu Stunden und verzweifelt fragte es sich immer wieder aufs Neue, ohne eine Lösung zu finden: "Wie komme ich aus dem Gefängnis heraus?" Als die Besichtigung zu Ende war, entdeckte man erst am Ausgang, dass eine Teilnehmerin fehlte. Dem Führer blieb nichts anderes übrig, als den ganzen Weg nochmals zurückzulegen, um das Mädchen zu suchen. Als er an die Zelle kam, konnte er dieselbe öffnen und dem Mädchen die Freiheit zurückgeben. Dieses erklärte dann: „Es ist mir zumute, als hätte ich ein Jahr in der Zelle zugebracht, Jetzt weiß ich erst, dass die Erlösung aus einem Gefängnis tatsächlich nur von beauftragten Menschen abhängt, denn hier wäre ich zugrunde gegangen, wenn mir nicht ein Mensch die Tür geöffnet hätte!"

Wie im natürlichen Leben ein Gefängnis nur durch einen beauftragten Menschen rechtsgültig geöffnet werden kann, so können arme Seelen nur durch beauftragte des Gottessohnes aus ihren Gefängnissen befreit werden, so dass der Fürst der Finsternis für Zeit und Ewigkeit kein Anrecht an diesen Seelen hat. Der Geist Christi ist der einzige Weg, auf dem den unsterblichen Seelen Gnade zuteil werden kann. Nur da, wo dieser

Geist der Liebe und Barmherzigkeit sein helles
Licht verbreitet, muss die Finsternis weichen und
die Gebundenen frei geben. Für die Finsternis
gibt es nur einen Feind: das Licht, denn das Licht
vertreibt die Finsternis.
Jesus sagte: „Ich bin das Licht der Welt!" (Joh.
8.12) und zu seinen Aposteln sagte er: „Ihr seid
das Licht der Welt!" (Matth. 5.14) Die Apostel in
ihrer Gesamtheit waren also nach der
Himmelfahrt ihres Meisters das Licht, das die
Finsternis durchdringen und neues Leben in die
erkalteten Herzen bringen konnte.
Alle, die sich durch die Liebesarbeit des Herrn
Jesu in unserer Zeit herausführen lassen,
kommen unter die gewissenhafte Pflege der
Hirten, die von dem Herrn zu einer
segensbringenden Arbeit bestellt sind.
Jesus hat zu Petrus gesagt: „Weide meine
Lämmer! Weide meine Schafe!" (Joh. 21.15.16)
Die Lämmer des Herrn Jesu werden an sich
erfahren, welche Auswirkung die Arbeit der
Hirten hat: „sie sollen weder hungern noch
dürsten, sie sollen für ihre unsterbliche Seele das
Himmelsbrot genießen und vom Wasser des
Lebens trinken, das aus dem lebendigen Brunnen
Christi hervorgeht, wie sich Jesus schon dem
Weib am Jakobsbrunnen gegenüber bezeichnet
hat (Joh.4.10). Glücklich sind alle zu preisen, die

aus der Hand ihres Gottes die Hilfe empfangen und die Beauftragten des Gottessohnes erkannt haben, die als Bund unter das Volk gestellt sind, um zu erlösen und frei zu machen, die gefangen sind.

Im Verhältnis zu der großen Menge haben – was wir sehr bedauern – nur wenige die Arbeit Gottes und seines Sohnes in unserer Zeit erkannt. Die Schuld dafür kann aber niemals Gott oder Jesus oder den Apostel zugeschrieben werden. Es war zu allen Zeit so, dass die Menschen meistens ihr Ohr den Worten des Versuchers und Verführers willig geliehen haben. Schwer ist es aber den Menschen gefallen, die ihnen angebotene Gnade zu ergreifen und sich zu eigen zu machen. Jesus, der vom Vater zur Hilfe gesandt war, musste sagen: „Jerusalem, Jerusalem, die du tötest die Propheten und steinigst, die zu dir gesandt werden, wie oft habe ich wollen deine Kinder versammeln, wie eine Henne ihr Nest unter die Flügel, und ihr habt nicht gewollt!" (Lukas 13.34) Damit hatte Jesus nicht gesagt, dass die Israeliten seinerzeit ungläubig gewesen seien. In Israel waren auch damals noch viele Gläubige, aber – und das ist die Hauptsache – die Arbeit des Gottessohnes verkannten und verachteten sie. Auch die ersten Apostel wurden nicht von allen aufgenommen, nur wenige erkannten ihre Arbeit.

Daher dürfen wir auch nicht in unserer Zeit erwarten, dass sich alle Menschen von dem göttlichen Licht erleuchten und aus der Finsternis führen lassen. Wir aber, die wir erkannt haben, dass wir in einer gnädigen Zeit leben, wollen nichts unversucht lassen, um die Gnadenzeit schon aus Dankbarkeit auszunutzen und unser Licht leuchten lassen, damit es vielen zur Errettung diene. Wer darauf Acht hat, das seiner Seele niemals das Öl des Heiligen Geistes mangelt, und das himmlische Licht erstrahlen lässt, wird dadurch zu einem großen Segen dienen können. Gott offenbart sich durch seinen Geist immer in einer Einheit, **niemals aber in einer Vielheit!**

Die vielen Geister, die in die Welt gegangen sind (1. Joh.4.1) können wohl von Gott sprechen und auf Gnade und Vergebung hinweisen, aber niemals solches spenden, da sie nicht von Gott gesandt sind Erlöserdienste zu tun. **Ohne diesen Geist empfangen zu haben, kann niemand eine Erlösungsarbeit ausführen.** Wohl kann man einen Vortrag halten und über göttliche Dinge reden, aber erlösen kann nur der in Menschen ausgegossene Geist der Liebe und der Errettung. Dazu Apostelgeschichte 8 Vers 14 bis 20

„   10

„   19 Vers 1 bis 6
2. Timotheus Vers 1 bis 6

**Unbegreiflich schön sind deine Werke –
herrlich, wie am ersten Tag!**

In den Nachrichten des 23.08.1979 wird
folgendes vermeldet:
„ Im Jahr des Kindes werden 15 Millionen
Kinder am Hunger sterben. 10,9 Millionen
Menschen befinden sich zur Zeit auf der Flucht."
Entnommen einer Dokumentation, die der
amerikanische Senator E. Kennedy erarbeiten
ließ, ZDF

Nur die Dummköpfe durchlaufen das Leben,
ohne es anzusehen!

Aus Fernsehdiskussion mit BRD Kanzler
Schmidt ZDF 30.08.79:
1. Diskussion über die Opfer des 2. Weltkrieges
   – insgesamt 50 Millionen. Das war ein
   Unheil, welches nie wieder geschehen darf.
   Man diskutierte darüber, wie das nur
   geschehen konnte.

Diese Frage ist völlig widersinnig, wenn man bedenkt, das seit dieser Zeit mindestens 300 Millionen Menschen verhungert sind, die also heute noch leben könnten.
Wichtig wäre es, darüber zu diskutieren, wie man es verhindern kann, dass weitere 50 Millionen Menschen verhungern.

Aber das wird mit Sicherheit eintreffen, weil man darüber nicht diskutiert.

2. Man war sich darüber einig, dass in einer Demokratie der Recht bekommt, der die Mehrheit hat.
Dagegen sollte man aber diskutieren, damit der Recht bekommt, der Recht hat. Hitler bekam auch Recht, weil er die Mehrheit hatte, aber er hatte Unrecht.

Man fragt, wie kann man verhindern, dass es nie wieder einen Hitler gibt?
Aber nach der von allen anerkannten Methode der Demokratie, ist es doch möglich, dass jederzeit ein neuer Hitler die Mehrheit bekommt, obwohl er
nicht nur Unrecht hat, sondern auch noch **ein Verbrecher und Mörder ist.**

3. Die Frage, was der Einzelne tun kann, damit es nie wieder solche Verbrechen gibt, blieb im Raum unbeantwortet. Wenn aber jeder nach seinem Gewissen handeln würde, gäbe es zunächst vielleicht viele Opfer, aber, wenn alle Menschen beginnen würden, ihrem Gewissen zu folgen, würde sich die Mehrheit gegen das Töten und gegen die Verbrechen im Namen der Menschlichkeit wehren.
Der Einzelne müsste begreifen, dass er ja gar nicht töten darf, weil es ihm von seinem Schöpfer ja schon untersagt wurde. Wenn nun gefragt wird, wer ist denn mein Schöpfer, mir hat er es nicht gesagt, dann frage mal dein Gewissen, ob du töten darfst und behalte die Antwort ruhig für dich.
So und nicht anders müssten die klugen Politiker diskutieren, damit es eine Veränderung *gäbe. Das Volk hat keine Zeit diese Gedanken selber auszudenken, aber die Philosophen* und Politiker wissen davon und stellen deshalb die Wahrheit auf den Kopf, nur weil es ihnen **um die Macht, aber nicht um die Wahrheit geht.**

Die Bibel liest man nicht wie einen Roman, den man verschlingt, ohne einen wesentlichen Sinn zu erkennen oder diesen wieder aus dem Sinn zu verlieren, sondern man muss suchend lesen, um zu finden. Man liest sie auch nicht wie ein Notar bei der Testamentseröffnung, sondern wie ein Erbe, **voller Spannung und Erwartung.**

Die Bibel ist ein Liebesbrief des Königs des Himmels!

Es gibt erfülltes Leben, trotz vieler unerfüllter Wünsche!

Menschen, die viel schwatzen, leben nur äußerlich, aber innen sind sie leer! Besonders sind die gemeint, die allseitig gebildet sein wollen und überall mitreden wollen.

Frage: „Wozu ist der Tod gut?" Antwort. „Damit wir zur Besinnung kommen!"

Gedanken sind Gewalten!

Wenn während des 2. Weltkrieges zur Weihnachtszeit jemand an der Front ein Adventslied anstimmte, gab es aus irgendeiner

Ecke den Ruf „Mensch hör` auf! – wenn ich jetzt weich werde, gehe ich unter!"

Die 80iger Jahre sind mit die entscheidensten Jahre dieses Jahrhunderts. Für dieses Jahrzehnt ist der Bibelspruch: „Einer trage des anderen Last!" von großer Bedeutung. (F.J Strauß)

Das Wissen um Gottes Pläne ist uns versagt. Was wir wissen dürfen, ist einzig dies: **„Siehe ich bin bei euch alle Tage bis an der Welt Ende!"** (Matth. 28.20)

Der letzte Sinn des Lebens ist nicht in Gott zu handeln, sondern in Gott zu versinken. Die Selbstaufopferung ist der Eintritt in das höhere Leben.

Über den Tod: A. Schweitzer Bd. II S. 254

An dem ewig wirkenden Geist teilhabend, **ist der Mensch überweltlich und ewig**. Die Leiden, die ihm begegnen, treffen nur die Natur, mit der er auf eine wunderbare Weise zusammenhängt, aber nicht ihn selbst, als das über alle Natur erhabene Wesen.
Den Tod fürchtet er nicht. Er stirbt ja nicht für sich, sondern nur für die, die zurückbleiben.
Aller Tod in der Natur ist lauter Geburt. Die

Natur ist durchaus lauter Leben. Nicht der Tod tötet, sondern das lebendige Leben, welches hinter dem alten verborgen, beginnt und sich entwickelt. Tod und Geburt ist bloß das Ringen des Lebens mit sich selbst, um sich stets verklärter und ihm selbst ähnlicher darzustellen. Anders ausgedrückt nach dem Chinesen Tschuang-Tse: dass das Leben an sich ewig sei und das Sterben der Individuen nur bedeute, dass eine Existenz in eine andere umgegossen werde.

In der Wahrheit sind wir, wenn wir die Konflikte immer tiefer erleben.
Das gute Gewissen, ist eine Erfindung des Teufels. A. Schweitzer Bd. 2 S. 388
Gutes und Wahres geschieht nicht, wenn wir darauf warten, dass es geschieht.
Wir müssen etwas tun, damit es geschieht.
Wer immer nur Recht haben will, wird vielleicht einmal sein Recht bekommen,
aber dabei alles verlieren.
Die Himmelswelt erreichen wir nicht, indem wir Gott opfern, sondern wir müssen uns selbst opfern!
Der Fortschritt der Wissenschaft besteht darin, dass sie die Erscheinungen, in denen das vielgestaltige Leben abläuft, immer genauer beschreibt, uns Leben entdecken lässt, wo wir

früher keines annahmen, und uns in Stand setzt, uns den erkannten Ablauf des Willens zum Leben in der Natur auf diese oder jene Art nutzbar zu machen.
„Was aber Leben ist, vermag uns keine Wissenschaft zu sagen!"
Darum ist der Unterschied zwischen gelehrt und ungelehrt ein ganz relativer.

A. Schweitzer Bd. 2 S 376
Der Ungelehrte, der angesichts eines blühenden Baumes von dem Geheimnis des um ihn herum sich regenden Willens zum Leben ergriffen ist, ist wissender als der Gelehrte, der tausend Gestaltungen des Willens zum Leben unter dem Mikroskop oder im physikalischen und chemischen Geschehen studiert, aber bei aller Kenntnis von dem Ablauf der Erscheinungen des Willens zu Leben dennoch nicht von dem Geheimnis bewegt ist, dass alles, was ist, Wille zum Leben ist, sondern in der Eitelkeit aufgeht, ein Stückchen Ablauf von Leben genau beschreiben zu können. Alles wahre Erkennen geht in Erleben über. So wird mir das Wissen von der Welt zum Erleben der Welt.

Es ist das Schicksal jeder Wahrheit, vor ihrer Anerkennung ein Gegenstand des Lächelns zu sein. Einst galt es als Torheit, anzunehmen, dass die farbigen Menschen wahrhaft Menschen seien und menschlich behandelt werden müssten. Die Torheit ist zur Wahrheit geworden.

Gebildet sein, heißt wissen, wo man nachzuschlagen hat.

Wen Gott belastet, den trägt er auch!

Ich habe dich erwählt, schon ehe der Welt Grund gelegt war. Was heißt das?
Der Geist des Menschen kommt aus Gottes Ewigkeit. Er hat sich dort in seiner ersten Phase bestimmte Eigenschaften erworben. Dass das so ist, beweisen Menschen mit ungewöhnlichen Fähigkeiten, die sie nicht auf dieser Erde erworben haben, wie z.B. Mozart oder Gauß. Das menschliche Dasein ist die zweite Phase. Die Erinnerung an unser Ewigkeitsleben ist uns genommen. Wir haben aber im Erdendasein eine gewaltige Aufgabe, uns Eigenschaften zu erwerben, die die Materie beherrschen. Nur wenn wir das gelernt haben, können wir zu Gott in die Ewigkeit zurück. Hätte Jesus dieses nicht in dieser Welt gelernt, er hätte nie zu seinem Vater zurückkehren können.

Alle 150 Personen, die vom klinischen Tod zum Leben zurückgeholt wurden, berichten, gemäß einer wissenschaftlichen Untersuchung, in Messachussetts USA, dass sie eine Begegnung mit dem Licht hatten, welchem sie entgegen gingen. Es hatte nichts beängstigendes, sondern es war etwas sehr wohltuendes in seiner Art. Ein Licht, das wohl die Wahrheit, Gott, die Liebe sein muss.
Gott ist ein Herr der Reichen und der Armen, d.h. der Satten und der Hungrigen. Wie lange wird er sich ansehen, dass jährlich 50 Millionen Menschen verhungern? Das es nicht mehr lange so weitergehen wird wie jetzt, sagen und berechnen nicht die Theologen voraus, sondern die Fachexperten und Studierten unserer Zeit.

Der Sinn des Lebens besteht darin, zu funktionieren. Das heißt, wenn wir uns angepasst haben in der Welt, wenn wir die Meinung angenommen haben, die fast alle Menschen unserer Umgebung angenommen haben, wenn wir ständig auf dem Laufenden sind, möglichst immer vorn stehen, dann funktionieren wir, dann haben wir den Sinn des Lebens erfasst! Das ist die **bisher leerste Variante** vom Sinn des Lebens, die mir begegnet ist, **aber wohl leider die verbreitetste.**

An deinen Taten kann man deine Gedanken erkennen!

Theol. Lexikon S. 338 über Jesus
Meine Liebe zu deinem Werk, ist wie ein Feuer, das mich noch verbrennen wird!

Mutter Theresa gründete in Kalkutta einen Orden der Nächstenliebe. In Kalkutta leben 30 000 Menschen auf einem Quadratkilometer. Spontan gründete sie ein Haus der Sterbenden als sie eines Tages von der Straße eine Frau aufnahm, die von Ratten und Ameisen angefressen war. Kein Krankenhaus wollte die Frau aufnehmen. Mutter Theresa klagt nicht die Ursachen dieses Übels an, sondern sagt: „die Hungernden brauchen das Brot heute und jetzt, bevor sie Hungers sterben. Die Notleidenden und Kranken und Sterbenden brauchen die Hilfe jetzt, nicht wenn sie gestorben sind!"
Heute, am 17.10.1979, wurde sie mit dem Friedensnobelpreis ausgezeichnet. Der von ihr gegründete Orden hat sich der Armut verschrieben. Ihre Anhänger besitzen nichts, aber wohl haben sie den Reichen etwas voraus – **ein wahrhaft liebendes Herz,** das zur Nächstenliebe

fähig macht und auch den Unwürdigen zu lieben imstande ist. Ich glaube nicht, dass diese Menschen arm sind!

Alle sprechen vom Frieden und sagen: **„Wir wollen Frieden!"**

Wenn dem so ist, dann muss die Frage lauten: „Warum rüsten wir nicht ab?"

Jesus, unser Herr, hat in der Bergpredigt eine Antwort darauf gegeben: **„Freuen dürfen sich alle, die Frieden schaffen, denn sie werden Gottes Kinder sein!"**

Er sagte auch: „Wer das Schwert nimmt, soll durch das Schwert umkommen!" Dieser Satz sollte über das Nato-Hauptquartier, aber auch dem Warschauer Pakt geschrieben werden. Jesus überschaute die Lage der Welt mehr als alle Politiker dieser Erde zusammen. (Wort zum Sonntag Pfarrer Albertz 27.10.1979)

Ein Sprichwort der Pfadfinder lautet: **„Jeden Tag eine kleine gute Tat!"**

Abends am Lagerfeuer erzählte jeder seine gute Tat. Der kleine Hans konnte da nicht mithalten. Und er erzählte dann, dass er heute im Wald einen alten Mann recht freundlich gegrüßt hat. Alle lachten darüber. Aber plötzlich tritt aus dem Dunkel der Nacht der alte Mann ans Lagerfeuer und bedankt sich bei Hans, der ihn so freundlich gegrüßt hat. Er sagte: „Ich bin so allein und war des Lebens müde. Ich wollt mein Leben beenden und mich im Wald erhängen. Dein freundlicher Gruß hat mich davon abgehalten." Er warf den Strick ins Feuer und ging.

Meide alles, was die Menschen trennt, und tu alles, was sie eint!

Man muss jeden Menschen lieben. Um dies aber richtig zu tun, soll man ihn nicht für irgend etwas lieben, sondern für nichts. Hat man erst einmal so zu lieben begonnen, findet man auch einen Grund.
Selbstaufopferung ist also das erste Grundgesetz des menschlichen Lebens.

Die Aufgabe des Lebens besteht durch Taten und Worte, durch Überzeugung in den Menschen die Liebe zu mehren.
Nichts tut mehr weh, als wenn die Menschen eine schlechte Meinung von dir haben, und nichts ist andererseits nützlicher, nichts befreit mehr vom falschen Leben.
Das Leben ist kein Spaß, sondern eine erhabene und feierliche Angelegenheit. Man müsste immer genauso ernst und feierlich leben, wie man stirbt.

Es weiß einer nicht, was gut und schlecht ist, aber er schreibt eine Untersuchung über einen niedergegangen Meteoriten und über den Ursprung des Wortes „Puppe"!
Wie seltsam, dass ich vor den Menschen meiner Umgebung schweigen muss und nur mit jenen zeitlich und räumlich weit entfernten sprechen darf, die mich einst hören werden.
Welch seltsames und zutreffendes Wort: Mann und Frau sind (wenn sie geistig leben) nicht zwei sondern ein Wesen.
Genauso verhält es sich mit der Aussage: „Gott Vater und der Sohn sind ein Wesen!"

Sterben heißt dorthin gehen, woher wir gekommen sind. Wie ist es dort? Gewiss schön, nach den wundervollen Wesen, den Kindern, zu urteilen, die von dort kommen.
Wenn du dich über Menschen ärgerst, dann überlege, ob die Ursache vielleicht darin liegt, dass du selbst schlecht bist. Wenn du dich über Tiere ärgerst, dann sprechen alle Wahrscheinlichkeiten dafür, dass deine eigene Schlechtigkeit Schuld ist. Wenn du dich jedoch über Dinge ärgerst, dann wisse, die Schuld liegt allein bei dir, und du musst dich zusammennehmen.

Die Kraft des Gedankens ist unsichtbar wie der Same, aus dem ein riesiger Baum erwächst, sie ist aber der Ursprung für die sichtbaren Veränderungen im Leben der Menschen.
Am allerdümmsten ist, wer glaubt, alles zu verstehen. **Das ist ein besonderer Typ.**
Die Frage muss lauten, nicht: wozu lebe ich, **sondern was habe ich zu tun?**
Die Liebe zu Kindern, Ehegatten und Geschwistern **ist ein kleines Vorbild** jener Liebe, die wir für alle empfinden müssen und können. Seite 319, 325, 338

Aus Lew Tolstoi Tagebücher Band 2
Besser Nichts als Nichtiges getan!
Fortschritt heißt Vermehrung des Lichts, aber das Licht ist immer dasselbe.
Verstand, Talente sind nicht jedem in gleichem Maße gegeben, aber die Gefühle von Menschen zu verstehen, ihr Lächeln, ihr Stirnrunzeln – das ist allen gegeben – den weniger Klugen und den Kindern mehr als allen anderen.
Trage schwer an der Lüge des Lebens, das mich umgibt, und daran, dass ich keine Mittel finden kann, ihnen ihre Irrtümer zu zeigen, **ohne sie zu kränken.**
Seite 95, 97, 162, 163, 192, 193, 272, 288, 335, 376, 410, 412, 413
Religion nach Tolstoi:
Ausdruck einfacher unwiderlegbarer sittlicher Wahrheiten, die das Leben **zwangsläufig verändern!**
Der menschlichen Natur ist unzerstörbar ein sittliches Empfinden eingepflanzt.

Aus Lew Tolstoi Tagebücher Band 3
Wir wissen, dass wir ohne psychische Anstrengung nichts erreichen können. Warum glauben wir dann, im geistigen Bereich ließe sich etwas ohne Anstrengung erreichen?

Fortschritt besteht nicht darin, dass man die Wahrheit vergrößert, sondern darin, dass man sie von all ihren Hüllen befreit. Die Wahrheit wird erworben, wie das Gold, nicht dadurch, dass man es wachsen lässt, sondern dadurch, dass man alles abwäscht, was nicht Gold ist.

Ein Christ ist nicht zu verurteilen, sondern zu lieben!
Der Hauptirrtum all derer, die gegen das bestehende Übel ankämpfen, ist, sie wollen den Kampf von außen führen. Nicht von außen wird die Welt umgestaltet, sondern von innen. Und daher muss alle Energie auf die Arbeit im Innern gerichtet werden.
In mir leben zwei Wesen: ein geistiges und ein körperliches; sie kämpfen miteinander. Und allmählich gewinnt das geistige die Oberhand. Den Kampf dieser Wesen erkenne ich durch mich selbst und nenne ihn mein Leben.
Wie schmerzhaft und quälend empfinde ich menschliche Lieblosigkeit, es ist, als schmerze ein Körperteil.
Mir will scheinen, die Menschen durchleben nicht erst seit Rom, sondern schon seit dem alten Ägypten und Babylon eine Zeit des Irrens, in der alle Kräfte auf materielles Gedeihen gerichtet sind und die Menschen diesem Gedeihen ihr

geistiges Glück, ihre geistige Vervollkommnung zum Opfer bringen. Die Ursache hierfür ist die Gewalt der einen über die anderen. Um ihr materielles Glück zu mehren, machen die Menschen ihre Brüder zu Sklaven. Diese Versklavung wurde als legitim, als notwendig anerkannt, und das führte zur Verfälschung von Denken und Wissenschaft. Und auch diese Pseudowissenschaft wurde als legitim anerkannt. Daher rührt alles Unheil. Und mir will scheinen, jetzt ist die Zeit gekommen, da die Menschen ihren Irrtum erkennen und ihn bereinigen.

Ein unbestreitbares Merkmal wahrer Wissenschaft ist die Einsicht, wie unbedeutend all das, was wir wissen, im Vergleich zu dem ist, was sich erschließt. Nur wenn wir einander lieben, wird unter den Menschen Brüderlichkeit herrschen. Gleichheit ist Demut. Nur wenn wir uns nicht überheben, sondern sich jeder für den am tiefsten Stehenden hält, werden wir alle gleich sein. Freiheit heißt; das für alle geltende Gesetz Gottes zu erfüllen. Nur wenn wir das Gesetz Gottes erfüllen, werden wir mit Gewissheit frei sein.

Wie man lernen kann, sein Leben dem Erwerb von Rang und Würden zu weihen, dem

Reichtum, dem Ruhm, selbst der Jagd und der Sammelleidenschaft, so kann man auch lernen, sein Leben der Vervollkommnung, der allmählichen Annäherung an die uns gesetzte Grenze zu weihen. Das lässt sich sofort ausprobieren: Man stecke Samenkörner in die Erde und verfolge ihr Wachstum, und das ist fesselnd und macht Freude. Erinnere dich, wie du dich über deine zunehmende Körperkraft und Geschicklichkeit gefreut hast: beim Schlittschuhlaufen, beim Schwimmen. Versuche dich ebenso wenigstens an der Aufgabe, einen ganzen Tag, eine Woche lang nichts Schlechtes über andere zu sagen, und die Erfüllung wird auch fesselnd sein und Freude machen.

Dem Menschen ist das Streben nach „mehr" eigen. Es kann dies ein Streben nach mehr Rubeln, mehr Bildern oder mehr Pferden sein, nach mehr Titeln, Muskeln und Kenntnissen, notwendig aber ist nur eines: **"mehr Güte!"**

Auf Gottes Urteil muss man Wert legen, nicht auf das der Menschen.

Bemerkst du, dass einer im Streit seine äußere Stellung verteidigt, beende schleunigst das Gespräch.

Spott, insbesondere gescheiter, erweckt den Eindruck, der Spottende stünde über dem, was er verspottet. Meist aber, ja immer, ist Spott ein untrügliches Anzeichen dafür, dass der Betreffende den Gegenstand, über den er sich lustig macht, **nicht begriffen hat.**

Wenn ich bedenke, dass in meiner eigenen Familie keinerlei Argumente, keinerlei verwandtschaftliche Gefühle, ja nicht einmal Liebe Menschen von der Behauptung abzubringen vermögen, dass 2 x 2 = 5 ist, wie sollte ich dann Fremde, mir Fernstehende von ihrer Meinung abbringen wollen?
Wahres Christentum ereifert sich nicht über unchristliche Handlungen anderer, sondern ist nur bemüht, selbst nicht unchristlich zu handeln – sich nicht zu ereifern.

Ach, könnte ich doch lernen, alle Energie auf den Dienst an Gott zu verwenden, auf die Annäherung an Gott. Doch die Annäherung ist unmöglich, ohne den Dienst an den Menschen.

Wie mir in der Kindheit eingeschärft wurde, all meine Energie darauf zu richten, ein bravouröser Jäger und Krieger zu werden, so ist es auch möglich, den Kindern einzuschärfen, alle

Energie auf den Kampf mit sich selbst, **auf die Vermehrung der Liebe zu richten.**

Oft überlässt man sich der Verzagtheit, der Empörung über das, was in der Welt geschieht. Welch ein unverzeihlicher Irrtum! Die Arbeit, die Vorwärtsbewegung, die Vermehrung der Liebe in den Menschen, die Erkenntnis ihrer Möglichkeit, ihrer Anwendung als Gesetz des Lebens, all das nimmt in der Menschheit sowohl in positiver Hinsicht zu – man erkennt ihre segensreiche Wirkung, wie auch in negativer – man erkennt, dass sich die Lage der Menschen infolge der Anerkennung des Gesetzes der Gewalt immer mehr verschlimmert. Ja, dieses zweifache Wachstum muss man sehen, nicht aber verzweifeln.

Menschen hinter ihren Rücken zu verdammen ist niederträchtig – es ihnen ins Gesicht zu sagen gefährlich, man kann sich ihren Grimm zuziehen. Daher ist das einzig mögliche, vernünftige und also auch gute Verhalten gegenüber Menschen, die schlecht handeln, Mitleid und der Versuch, ihnen ihre Fehler und Irrtümer zu erläutern.

Die Menschen unserer Zeit haben keine Wahl: entweder müssen sie mit Gewissheit zugrunde

gehen, wenn sie ihr jetziges Leben fortsetzen, oder sie müssen es ändern.
Der höchste geistige Zustand ist immer mit vollkommenster Demut verbunden.
Das Wichtigste, dessen das Volk jetzt bedarf, ist geistige Nahrung.
Man kann alles aussprechen, sich Luft machen, ohne jemanden zu verdammen.

Der Typ eines Menschen: Er versieht ausgezeichnet, gewissenhaft und ehrlich alle praktischen Dinge des Lebens: seinen Dienst, seine Wirtschaft, und beweist die gleiche, wenn nicht noch größere Gewissenhaftigkeit beim Schach- und Kartenspiel. Doch sobald es um die Frage des Lebens geht, zeigt er Gleichgültigkeit oder sucht nach oberflächlichen, lächerlichen Antworten, er erkennt klar, dass über unser Leben bei vernünftigen Nachdenken über das Leben der Stab gebrochen werden müsste, und vermeidet daher alles Nachdenken, legt nicht nur Uninteressiertheit, sondern völligen Gleichmut an den Tag.

Schulzenhofer Kramkalender von Erwin Strittmatter:
Vergangene Kindheit, wo alles ein Fest war: Saatfest, Dreschfest, Heufest und Schlachtfest.

Brächten wir`s doch auch im Alter dazu alles zum Fest zu machen.

Die kleine Fabrik
Die kleine Fabrik – sie ist blau. Als ich vor Wochen vorbeikam, war sie noch grün. In ihr werden Sonnenstrahlen genutzt. Der Mensch müht sich etwas ähnliches zu erfinden.
Ich öffne die kleine Fabrik, Zuckersaft quillt mir entgegen. Gib mir auch eine Pflaume! Sagt man zu mir.

Ein ausdauernder Gedanke hinterlässt eine Spur, die auch von anderen benutzt werden kann.

Wissen macht unruhig!

Ein großartiger Funktionär
Er weiß viel, doch er kann zuhören. Er belehrt nicht nur, er lernt auch. Er tadelt nicht nur, er bewundert auch. Er hat die Zukunft im Auge und beschönigt die Gegenwart nicht. Er braucht es nicht, er arbeitet ja!

Amseln
Ich ritt über den großen Wiesenplan: kilometerweit – nichts als Wiesen, und obwohl es Januar war, grünte das Gras noch; denn der

Winter war mild, und die Wiesen waren voll sattschwerer Maulwurfshaufen.
Ob die Maulwürfe nun die laue Luft unter der Erde spürten, oder ob sie den wachgewordenen Würmern und Engerlingen folgten, da unten regte sich das Leben und wechselte von der Wurm- in die Maulwurfsgestalt, und ich gewahrte, dass die Würmer auf ihren Winterausflügen sogar flüchtig wurden: Auf den Maulwurfshaufen saßen die Amseln, und sie waren so schwarz wie die aufgestoßene Erde, und ich sah sie nicht, bis die Tritte der Stute den Wiesenboden ins Wanken brachten. Die Amseln flogen auf, und es war, als ob Erdklumpen afflögen und mit ihnen die Wahrheit, dass alles von der Erde herkommt und dass auch ich – auf einem Stück Erde reitend – ein Stück Erde bin, dessen Hirn – ein verwandeltes Stück Erde – sich abmüht zu ergründen, ob ich morgen ein Nichts oder ein zu einer Schwingung verwandeltes Stück Erde im Weltall sein werde.

Das Birkenblatt
Der Wind wehte ein Birkenblatt auf den Waldsee. Es schwamm dort und schwamm, dann

drehte es sich und kreiselte, kreiselte und wusste nicht, woher und wohin, und versank.
So erscheint mir in trüben Stunden mein Leben.

Die Glucke

Die Fliederblüten brachen auf, und im frischen Gras leuchteten die Löwenzahnblüten wie kleine Sonnen. Im Hühnerstall schlüpften die Küken. Eine Zwerghuhnhenne hatte sich auf zwei Eier gesetzt, als sie der Brutdrang befiel. Ein Ei blieb güst, aus dem anderen schlüpfte ein Küken, und das war nicht viel größer als eine tüchtige Hummel. Der junge Schnauzerhund zwängte sich in den Stall. Die Glucke hüpfte auf seinen Rücken. Ihr Schnabel pochte wie ein kleines Pickeisen auf den Hundeschädel. Der junge Hund rannte wimmernd davon. Er konnte nicht begreifen, dass aus der vertrauten Henne eine kleine Teufelin geworden war.
Die Glucke führte ihr Einzelküken im Hofe umher und ging auf den Zwerghahn los. Sie nahm es mit zwei Hunden auf, trieb sie in die Flucht, stürzte sich auf meinen Sohn Matthes und schließlich gar auf den Hengst, der aus dem Stall geführt wurde.
Es wurde schlimm mit der Wachsamkeit der kleinen Henne, aber das schlimmste war, dass sie ihr Küken drüber vergaß. Es piepste schutzlos

umher, und das piepsen erregte die Henne. Sie überfiel im Wachsamkeitsrausch auch das Küken, und es kam so weit, dass wir es in Sicherheit bringen mussten. Eine Überdosis Tugend schlug in ihr Gegenteil um.
Vergleiche mit der Menschenwelt boten sich uns an, die man bekanntlich nicht anstellen soll, wie häufig gesagt wird; aber das würde bedeuten, dass der Mensch aus einer reinen Jungfrau in die Welt kam und dass er außerhalb der Natur stünde.
So undialektische Verwahrungen sprechen wir zuweilen aus, wirklich! **Das aber trifft genau auf Jesus zu! Meine ich!**

Niemand kann einem anderen etwas geben, wenn dieser es nicht nehmen will!

Was wir brauchen, nehmen wir uns aber selbst.

Veränderung – Auferstehung ist möglich. Es kommt auf uns an, ob wir das Problem größer sehen **als die Liebe unseres Gottes** oder ob wir Gottes Liebe als die Größte erachten.
Davon ist Veränderung – Auferstehung abhängig!

Macht euch um die kleinen Kinder große Sorgen, dann habt ihr mit den großen Kindern kleine Sorgen! (Ap. Knigge)

Christliche Erziehung ist Beispiel und Beispiel und noch einmal Beispiel!

Mach`, dass dieser Tag zählt!

Unser Glaube ist ein Berg! (St.A. Streckeisen)
Wenn das Licht Gottes in diese Welt kommt, dann kommt es in Personen!
Und das Wort ward Fleisch!
Göttliche Vergeltung: „Du bist überwenig getreu gewesen, komm, ich will dich über viel setzten!"

Aus „Deine Möglichkeiten Mensch":
Bekanntlich hat die Erziehung eines Menschen ihr Ziel dann erreicht, wenn er fähig ist, sich im weiteren Leben selbst zu bilden und die entsprechenden Mittel und Wege dazu anzuwenden. Selbsterziehung ist nicht einfach, sie verlangt ständige Selbstvervollkommnung. Echte Selbstvervollkommnung setzt aber immer voraus, dass sich der Mensch ein bestimmtes Ziel stellt. Es wird natürlich umso höher und erhabener sein, je mehr es den Menschen, der Gesellschaft dient.
Ein großer Verstand bedarf eines noch größeren Verstandes, damit er in die richtigen Bahnen gelenkt wird.
Schöpfertum ist vor allem die Lenkung des eigenen Ichs. Das aber ist, wie jeder weiß, sehr, sehr schwer!
Es genügt natürlich nicht, Wege zu weisen! Man muss auch Fingerzeige dafür geben, wie Hindernisse zu überwinden sind. Man muss gerade beim Voranschreiten behilflich sein, denn jeder Schritt wirklicher Bewegung ist wichtiger als ein Dutzend Programme und Instruktionen.
Genie ist: „ein starker Wille, der alles bezwingt, alles überwindet, der sich nicht beugen und der nicht zurückweichen kann. Willensstärke ist

eines der wichtigsten Merkmale des Genies, ist sein Maßstab!"
Ohne geduldige Arbeit kann es keine echte Genialität geben!
Alles Hervorragende bedarf anhaltender Bemühungen und Konzentration. Mit der Selbsterkenntnis beginnt alles; von ihr wird alles bestimmt, der Lebensweg und das Lebenswerk. Zu wissen, wonach man strebt, und entschlossen den Weg zum Ziel zu beschreiten – das muss zur goldenen Regel jedes Menschen werden. Sie allein führt durch alle Schwierigkeiten und Misserfolge zum Sieg. Der Weg zum Verstand des Menschen führt durch sein Herz.

„Darum wachet, denn ihr wisset weder Tag noch Stunde, in welcher des Menschen Sohn kommen wird". (Matth. 25.13)

Wir haben nur soviel Glauben an den Herrn Jesum Christum und sein Wort, nur soviel Sinn für ihn und sein Reich, nur soviel wahres geistliches Leben, als wir für ihn und sein Reich tun.

Nach Luthers Botschaft ist die Freiheit kein Freibrief des Fleisches, denn das freie Gewissen **ist innerlich gebunden an Gott.** In seinem

Glauben ist ein Christenmensch ein freier Herr über alle Dinge und niemand untertan. **In seiner Liebe ist ein freier Christenmensch ein dienstbarer Knecht aller Dinge und jedermann untertan.**

Erlösung ist eine innere Umbildung. Jeder Mensch wird erlöst, sofern er sich von seinen Sünden frei macht. Das kann er aber nur (von den Sünden los), wenn er sich innerlich dazu bereit erklärt.
Im Lichte zu wandeln, ohne die Nacht zu kennen, ist unmöglich.

Die Wirklichkeit der Religion liegt nicht in alten Büchern, ebenso wenig als in Wissenschaften und Theorien. Die Wirklichkeit der Religion ist ein Leben realer Gefühle und innerer Bewegungen**, jedem zugänglich, von keinem ernsthaft zu leugnen.**
Die schaffende Gottheit offenbart sich in Menschen. Sie offenbart sich, indem sie schafft. Sie schafft in uns und nur in uns. Der Kampf, der einem jeden von uns Herzen und Gewissen aufrührt, **ist Wesen der Neugeburt**, Offenbarung des Schaffens der Gottheit, ist das Schaffen der Gottheit selbst.

Jesus bezeichnet die als Heiden, die ein- und mehrmals die Wahrheit gehört, sie aber nicht annehmen, solche soll man als Heiden betrachten (Matth. 18.17)
Ob dies nun Heiden, Juden, Türken, Christen oder sogar Apostolische sind, tut nichts zur Sache, **wer der Wahrheit widerstrebt ist ein Heide.** Das Volk, das im Finstern wandelt, wird als Heiden bezeichnet.
Ein Glaube, der niemals angefochten wird, ist überhaupt kein Glaube.

Christen werden wir nicht durch Geburt und Abstammung, nicht einmal durch Taufe und Konfirmation, sondern nur durch den persönlichen **Glaubensgehorsam.**

Die eigentümliche Tatsache, dass Gott seinen eingeborenen Sohn Zimmermann werden ließ, dürfte darauf schließen lassen, dass er ein großer Holzlieferant sei (Siehe „Holz des Lebens" Offenbarung Johannes)

Die Auserwählten sind nach 1.Petrus 2.9: Ein königliches Priestertum.
Wahrlich ein großes Wort. Was ist Priestertum? **Von einem Priester erwartet man** mehr als von einem Prediger. Man kann ein guter Prediger

sein und doch kein Priester. Priester sollen für die Gemeinde eintreten mit Tränen, Gebet und Flehen und auch zu versöhnen suchen.

Einst sagt Gott durch Joel: „Lasst die Priester, des Herrn Diener, weinen zwischen der Halle und dem Altar und flehen: Herr, schone deines Volkes usw."

Der Priester soll opfern heilige Opfer für sich und das Volk. Zuerst soll er seinen Leib als ein heiliges, Gott wohlgefälliges Opfer bringen. Dann soll er seinen Willen, all seine Gemütlichkeit opfern und ein warmes Herz haben für alle Not der Menschen.

Die Priester sollen in den Riss treten für die Gemeinde, sollen für den Sünder um Gnade bitten, wie darin auch Jesus am Kreuze als Hoherpriester in der Fürbitte für die Feinde als Vorbild offenbar wurde. **Es gibt auch Priester, das sind Scharfrichter, hochmutige aufgeblasene Pfauen, die nur ihre Federn, ihre Herrlichkeit zeigen, aber wenn man sie von hinten besieht, dann müssen solche sich schämen, das Priesteramt zu tragen.**

Gott sagte einst: Die Priester sollen mit Heil bekleidet sein, ferner mit Gerechtigkeit gekleidet einhergehen. Also nicht der äußere Mantel macht einen Priester aus, sondern das Innere.

An der Stimme erkennen die Schafe ihren Hirten.

Sind die Priester mit Heil und Gerechtigkeit gekleidet, haben sie eine brennende Liebe zur Gemeinde, für arm und reich, dass sie sich opfern, in der Uneigennützigkeit für das Volk, dann haben sie Priesterherzen. Alle Hochachtung vor ihnen!

Leise ist die Ewigkeit, laut ist die Vergänglichkeit!
Still zieht Gottes Wille über diese Erde.

Aron ein Beispiel für uns. Er stützte seinen Vorgänger selbst da, wo dieser nicht mehr konnte, obwohl Aron selbst der bessere Redner von beiden war. Ein Vorbild im Nachfolgen also. Petrus Verrat eine Warnung oder ernste Ermahnung für uns. Er sagte: „Herr, ich folge dir nach und wenn ich mit dir sterben müsste!" Als er wenige Stunden danach Gelegenheit bekam seine Worte zu beweisen, verleugnete er den Herrn, war er nicht bereit zu seinem Wort zu stehen. Welch ein Widerspruch!

Was ist die Hölle?
Es ist der unendliche Schmerz daraus, **dass man nicht mehr lieben kann.** (Fjodor Dostojewski)

Jede Wissenschaft und jede Wissenschaftsdisziplin erhalten erst dadurch Sinn und Bedeutung, **dass sie dem Menschen dienen.**

Ein blinder hörte einen Leiterwagen vorbeifahren und bemerkte den Krach des Wagens. Man sagte ihm, dass dieser Wagen leer sei. Eine kleine Weile danach kam dieser Wagen voll beladen zurück, was man diesem blinden sagte und er hörte nur ein ruhiges vorüberziehen dieses beladenen Wagens.
Auch Menschen werden ruhig, wenn sie beladen werden mit Sorgen und Mühen. Geht es ihnen zu gut, machen auch sie viel Lärm.

Ein mit Unkraut verwilderter Boden sagt doch, dass der Boden durchaus Frucht bringen könnte, würde man ihn vom Unkraut befreien. Tut man es, wird man erleben, dass der Boden doch gut ist. Der Herzensboden der Menschen ist ebenso beschaffen. Wird er gepflegt und vom Unguten befreit, zeigt sich die gute Frucht.
Paulus an 1. Thimotheus 4.12
„Sei rechtschaffen im Wandel und ein Vorbild im Glauben". Er sagte nicht zu seinem jugendlichen Freund, dem Timetheus, lass doch der Jugend ihren Lauf.

Apostel Thomas hatte wohl das fortschrittlichste Bewusstsein, da er nur glauben wollte was er sah und begreifen konnte. Das Ergebnis war aber eindeutig: er sagte nur:

„**Mein Herr und mein Gott!**"

Weihnachten ist die Antwort Gottes auf das Elend dieser Welt!

Wir wachsen aus unseren Träumen und Gedanken, wie aus unserer Kleidung. Wunderbar ist jedoch, dass alles seine Zeit hat. So gibt es die Schulzeit, die Lehrzeit. Es kommt aber auch die Zeit, da man sich von Menschen trennen muss, die man liebt, aber auch neue Freundschaften zu schließen beginnt.

Ich will lieber wenig wissen, dafür aber die Wahrheit!

Ein Dichter ist ein Mensch, der sehr ausgelassen und tieftraurig sein kann, der leicht aufbraust und leidenschaftlich liebt – ein Mensch, der tief empfindet, der Rührung und Mitleid kennt. **Und genauso sind auch die Kinder.**
Ein Philosoph ist ein Mensch, der sehr gründlich nachdenkt und unbedingt wissen will, wie alles

wirklich ist. **Und wiederum genauso sind die Kinder auch.**

Durch Eintracht werden kleine Dinge groß, durch Zwietracht zerfallen auch die größten.
Wie soll man auf heikle Fragen antworten?
Es gibt weder törichte noch heikle Fragen, wenn die Antwort ehrlich und glaubwürdig ist. Wenn wir sie selbst wissen.
Wissen ist herausfordernd, Glaube geduldig und nachsichtig!

Misch dich nicht ein, wenn du`s nicht besser weißt, sprich nicht mit, wenn du nicht mithilfst, kritisiere nicht, wenn du`s nicht besser kannst.

Was nehme ich, was gebe ich? Und nicht erst später, irgendwann einmal, sondern jetzt und sofort!

Der eine denkt: „Was man mir gibt, das nehme ich."
Der andere denkt: „Was kann ich geben, nicht was bekomme ich, vielmehr, **was kann ich dazutun.**"

Um Recht sprechen zu können, bedarf es der **Rechtschaffenheit!**

Immer ist es leichter zu sagen, etwas taugt nichts, **als nachzudenken.** Zum Schwatzen finden sich immer Zungen genug, nur zum Denken sind Köpfe schwer zu finden.

Ein Erzieher, der behauptet, er wisse alles, sagt bewusst die Unwahrheit.

Dein Bruder

Dein Bruder ist so gut wie du –
Auch er sucht seiner Seele Ruh,
auch er hat seine Sorgenlast so
gut wie du die deine hast.

Dein Bruder hat verborgnes Weh
im eigenen Gethsemane.
Dort weint er oft und seufzt dazu
und ringt und fleht so wie auch du.

Und ob er etwas anders ist
In seiner Art als du es bist,
das lässt auch nicht das Urteil zu,
dass er nicht ist so gut wie du!

Und ist er manchmal kreuz und quer –
Bist du auch nicht so schlimm wie er,
drum liebe ihn und lass es zu,
dein Bruder ist so gut wie du!

Betend auf den Herrn warten. Beharren bis ans Ende. Ausnützen der Gnadenzeit.
Eifrig für den Herrn arbeiten, **dann arbeitet er für dich!**

Gut sein, das ist ehrlich sein.
Gut sein, das ist aufrichtig sein.
Gut sein, das ist verzeihen können.
Gut sein, das ist vergeben können.
Gut sein, das ist vergessen können.
Gut sein, das ist seinen Nächsten lieben.

Was sagt der Lehrer? Viele hören mir zu.
Ob sie auch danken mit Gehorsam dafür?
Dennoch bleibe ich so, gebe und lehre, bin ich dabei auch nicht immer froh:

Einfach und schlicht sei mein Leben,
ein Vorbild im Wandel, geben, immer nur geben!

Ich schlief und träumte, das Leben wäre Freude.
Ich erwachte und sah, das Leben war Pflicht.
Ich handelte und siehe: **die Pflicht war Freude.**
(Rabindranath Tagore)

Mit zunehmendem Lebensalter gewinnt man immer mehr Abstand zu irdischen Dingen.
Schon Luther sagte: „Seid nicht so faul, geht auf die Knie und betet, damit ihr den Heiligen Geist empfanget!"

Das Bücken bzw. Beugen ist nicht immer leicht. Große Menschen müssen sich mehr und tiefer beugen als kleine.

Luther: „Rufe zu Gott, flehe und bete, suche, so wirst du finden, und wenn das Suchen nicht hilft, so bitte, und wenn das Bitten nicht hilft, so klopfe an!"

Leuchte anderen, verbrenne dabei! So lautet ein alter Schwur der Ärzte.

Wie sieht Verwandlung aus?
Schaut ein Kind an und seht es im jugendlichen Alter an.
Schaut einen jungen Menschen an und seht ihn im Alter an.

Hat nicht eine Verwandlung stattgefunden? Da ist rein äußerlich sehr deutlich eine Verwandlung zu erkennen.
Seht die Menschheit an! Hat sie sich nicht verwandelt?
Sind nicht aus guten Sitten und Moralnormen abfällige der Hölle entstammende Umgangsformen entstanden!
Die Lehrer, die zur Gerechtigkeit weisen gelten nichts mehr.
Hat da nicht eine Verwandlung stattgefunden?

Die Freiheit besteht darin, dass man alles tun darf, was keinem anderen schadet!

Die Menschen sterben lieber, als das sie denken!

Die Kosmonauten haben ein kleines Fenster zum All geöffnet. Bei all dem, was wir da sehen konnten, müssen wir mehr und mehr zu der Überzeugung kommen, dass es einen Schöpfer gibt. (Wernher von Braun)

Ein schlechter Lehrer versucht die Wahrheit an die Kinderherzen heranzutragen, während ein guter sie lehrt, diese zu finden. (Diesterweg)

Nicht vom Älterwerden wird man klüger,
sondern dadurch, dass man Wissen und
Erfahrungen treuer Lehrer annimmt.
Leben heißt kämpfen, und kämpfen heißt leben.

Was du dir heute nehmen kannst, das nehme,
denn wir wissen nicht, ob es ein Morgen gibt.
oder Was du heute geben kannst, das gebe, denn
wir wissen nicht, **ob wir es morgen noch geben
können.**

Vergeben – geschenkt
Ein Geschäftsmann war in eine schwierige Lage
gekommen und stand vor dem Konkurs. Da
dachte sein Hauptgläubiger: Mein Geld ist
verloren, da will ich eine großzügige und
christliche Geste machen. Er ging hin zu seinem
Schuldner Und sagte: „Ich schenke dir, was du
mir schuldig bist. Trage es aus deinen Büchern,
und dann beiß die Zähne zusammen und sieh,
dass du wieder flott wirst." Der Schuldner tat das
und kam hindurch.
Da die Geschäftslage sich allgemein besserte,
wurde er sogar ein wohlhabender Mann. Da kam
dem großzügigen Gläubiger der Gedanke, jetzt
sein Geld zurückzufordern. Er verwarf aber den

Gedanken und sagte: „Geschenkt ist geschenkt, ich will mich freuen an seinem Wohlergehen." Der wohlhabend gewordene Schuldner aber vergaß seinen Freund und suchte eine Begegnung mit ihm nach Möglichkeit zu vermeiden.
So geht es manchmal unter uns schwachen Menschen zu. Wie stehst du aber zu deinem Gott? Gott hat dir viel vergeben und geschenkt. Gott gönnt dir dein Wohlergehen. Bist du ihm dankbar? Oder scheust du die Begegnung mit ihm?
Wem viel vergeben ist, der liebt viel. Wo es so steht, da steht es gut.

Darum bekannte ich dir meine Sünde und verhehlte meine Missetat nicht. Ich sprach: „Ich will dem Herrn meine Übertretungen bekennen." Da vergabst du mir die Missetat meiner Sünde. (Psalm 32.5)

Missetäter und Sünder sind wir alle. Ob wir es immer wieder bestreiten, wir können uns selbst nicht überzeugen. Man versucht das Wort „Sünde" zu beseitigen, aus seinem Bewusstsein zu streichen, **aber das Gewissen macht nicht mit.** Es lässt sich, besonders in der Jugend, oft lange unterdrücken, aber dann bricht es mit

geballter Macht hervor. Viele elende, kranke, dahinsiechende Menschen leiden am Gewissen. Viele am Tage frohe, ausgelassene Menschen wimmern in der Nacht unter den Anklagen des Gewissens.
Weil David das so erlebte, darum bekannte er seinem Gott seine Sünde. Und Gott vergab ihm „die Missetat seiner Sünde."

Gott vergibt jedem, der zu ihm kommt, um seine Sünde zu bekennen und zu lassen. Ja, Gott befreit von der Macht der Sünde. Mancher wagt nicht, zu Gott zu kommen, weil er fühlt, er kann seine Sünde nicht lassen. Die Kraft dazu schenkt Gott dem, der seine Sünde bekennt und lassen will.

Dem Unrecht könnte man am besten durch die Kraft der Schwachen, eine überlegene Moral, begegnen. M. Gandhi

Wer nie im Stillen geweint, hat viel nicht verstanden!

Das Ziel ist Nichts, der Kampf ist alles, oder der Kampf ist Nichts, das Ziel ist alles!

Unseren Lebensweg können wir nicht selber wählen, wir werden hineingeboren. Unser Lebensweg ist uns unwiderruflich vorgezeichnet. Der Sinn unseres Lebens besteht deshalb darin, unsere ganze Kraft und unser Bemühen daran zu setzen, um alle Schwierigkeiten, die sich uns in den Weg stellen zu überwinden und am Ziel anzukommen.

Die Ungebildeten haben das Unglück, das Schwere nicht zu verstehen. Dagegen verstehen die Gebildeten häufig das Leichte nicht, was ein noch größeres Unglück ist.

Liebet eure Feinde! Wir sollen sie nicht lieben, weil von höherer Warte verordnet, **sondern wer viel versteht, der kann nur lieben und nicht hassen.**

Die Zeit hat Gott gemacht! Die Hektik der Mensch!

Die Sieger von Heute sind die Gejagten von Morgen.

Der Geist ist entweder frei, oder gar nicht vorhanden!

Aus Solaris: Die Wissenschaft: „Das erschreckt uns am meisten, dass der Gegenstand unserer Forschung nicht menschlich ist!"

Jesu These von der Gleichheit aller heißt nicht, dass Gleichheit durch eine Gleichschaltung erfolgt, sondern durch **Gleichachtung** aller!

„Die einzige Möglichkeit seinem Dasein einen Sinn zu geben besteht darin, dass man sein natürliches Verhältnis zur Welt in ein geistiges erhebt." A. Schweitzer

„Aus der Geschichte lernen, heißt nicht für das nächste Mal „schlauer" zu sein, sondern für immer **„weiser!"** F. J. Strauß

Danken kommt von Denken! Nur wer nachdenkt, kann danken, danken aus tiefstem Herzen!
Mein erst Gefühl sei Lob und Dank erheb ihn meine Seele – der Herr erhört den Lobgesang!

Inder mit einem Missionar vor einem Ameisenhaufen:
Man müsste den Ameisen sagen können, dass sie keine Angst zu haben brauchen.
Missionar: dann müsstest du eine Ameise werden, dann könnten sie dich verstehen.

Deshalb ist Jesus, der Sohn Gottes, aus seiner Herrlichkeit zu uns Menschen gekommen und ist Mensch geworden!

Der kürzeste Weg zwischen zwei Menschen ist ein Lächeln.

Wer beten will, muß zuvor glauben!

Denn wenn Gott nicht zuvor käme mit seiner Kreatur und machte einen Menschen, **würde man keinen Fürsten machen können.**

Denn der Tod wird nicht dadurch überwunden, dass man ihn verachtet!
Die Schrecken des Todes werden nicht durch philosophische Betrachtungen überwunden, sondern nur dadurch, dass wir auf das Licht der göttlichen Offenbarung im Gesetz und Evangelium achten!

Der Tod hat eine so große Kraft, dass er uns verschlingt, ehe wir es meinen.

Wo gute Werke nicht folgen, so ist der Glaube **falsch und nicht recht!**

Die Menschen haben wohl gelernt ins Weltall, aber nicht zum Schöpfer des Weltalls vorzudringen!
Weit verbreitet ist die Tendenz, die gesamte Motivation als vom Bedürfnis bestimmt zu sehen. Das was jeden psychischen Vorgang in Gang setzt, ist ein Bedürfnis des Subjekts, eine Notwendigkeit, die befriedigt werden muss.

Die menschliche Entscheidung zur Annahme der Predigt ist zwar kein Spiel immanenter Kräfte, sondern ist Wirkung des Heiligen Geistes, aber diese Wirkung schließt das Bewusstwerden des Entscheidungscharakters nicht aus.

Die Größe eines Opfers wird nicht danach gemessen, was ein Mensch gibt, sondern an dem, **was er zurückbehält.**

Aber je tiefer die astronomische Forschung in die Geheimnisse des Weltalls eindringt, umso mehr neue Sterne werden entdeckt. So geht es auch mit den Verheißungen Gottes.
Aus Stellen, die wir schon oft gelesen haben, leuchten mit einem Mal wie unentdeckte Sterne die Zusagen Gottes heraus.

Die Verheißung ist nicht das letzte Ereignis.

Auf das Versprechen folgt die Hilfe, folgt die Tat Gottes.

Prof. Sauerbruch: „Ohne Glück und ohne den lieben Gott, **gibt es keinen guten Chirurgen!**"

Die Menschheit ist klug, aber unfähig nach dieser Klugheit zu leben! (H.D.)

Nur die Liebe lässt uns leben!

Gott stirbt nicht an dem Tag, an dem wir nicht mehr an ihn glauben wollen. Aber wir sterben an jenem Tag, an dem wir das Licht aus der Ewigkeit nicht mehr sehen wollen. Es strahlt dennoch für die, die daran glauben und davon leben – jetzt und in alle Ewigkeit.
(UN Generalsekretär D. Hammersjoelt)

Auf der Erde gibt es je Einwohner 3 t Dynamit!

Der Anfang alles wertvollen geistigen Lebens ist der unerschütterliche Glaube an die Wahrheit und das offene Bekenntnis zu ihr!

Auf Gottes Urteil muss man Wert legen, **nicht auf das der Menschen!**

Der höchste geistige Zustand ist immer mit vollkommenster **Demut** verbunden!

Wer nun mich bekennt vor den Menschen, den will ich bekennen vor meinem himmlischen Vater – spricht Christus (Matth. 10.32)

Ich freue mich über dein Wort, wie einer, der große Beute macht. (Psalm 119, 162)

Lass die Liebe besteh`n, denn sie kann nie vergeh`n, sie ist alles was zählt auf der Welt. Sie ist Wahrheit und Licht, wie ein schönes Gedicht, das man liest und den Sinn dann nie wieder vergisst.

Alles Große bildet, sobald wir es gewahr werden, und was wir lieben, gewinnt Einfluss und Macht über uns.

Du suchst einen Menschen, der Dich versteht,
Du suchst eine Seele, die mit Dir geht,
Du suchst einen Menschen, auf den Du vertraust,
auf den Du in Sorgen und Nöten baust.
Jedes Herz will etwas lieben;
Liebt`s nicht, kann`s nicht ruhn.

Mein Herz sei Dir verschrieben, bei Dir bleib es ewig nun.

Das Glück ist das Einzige, was sich verdoppelt, wenn man es teilt!

Gib uns Freude jeden Tag. Lass uns nicht allein.

Für die kleinsten Freundlichkeiten lass uns dankbar sein.
Denn nur Du, unser Gott, hast uns alle in der Hand, lass uns nicht allein.

Wenn Deine Mutter alt geworden und älter Du geworden bist

Wenn ihr was früher leicht und müh'los nun mehr zur Last geworden ist,
wenn ihre treuen lieben Augen nicht mehr wie einst ins Leben sehn,
wenn ihre Füße kraftgebrochen, sie nicht ertragen mehr beim steh'n,
dann reiche ihr den Arm zur Stütze, geleite sie mit froher Lust,
die Stunde kommt, da Du sie weinend beim letzten Gang begleiten musst.
O, hab Geduld mit ihrem Leben, dass Gott sie noch zu leben heißt,
erfreue sie mit 1000 Freuden, wenn Du sie zu erfreuen weißt.
Und fragt sie Dich, so gib ihr Antwort, und fragt sie weiter, sprich auch Du.
Und fragt sie nochmals, steh ihr Rede, nicht ungestüm, in sanfter Ruh'.
Und will sie Dich nicht recht versteh'n, erklär ihr alles frohbewegt.
Die Stunde kommt, die bittre Stunde, da Dich ihr Mund nach nichts mehr fragt.

Franziskus von Assisi

Gottes Wort war ihm nicht nur ein historischer Bericht und nicht nur die Grundlage der Lehrverkündigung, sondern die Selbstkundgabe des göttlichen Willens in die konkreten Situationen seines Lebens hinein. Er wusste sich durch Gottes Wort stets angesprochen und aufgerufen. Er hörte die Worte des Evangeliums, als spräche Christus selbst zu ihm. Sein Selbstbewusstsein war Sendundgsbewußtsein und dieses Gottesbewußtsein.

Er ersetzte das bloße Mitleid durch wirkliches Mitleiden. Jedes Leben, das primär der Eigenliebe entspringt, ist für ihn Sünde. Leben in der Sünde und Leben in der Buße sind daher Gegensätze, weil in ihnen die Grundintention des Lebens eine völlig unterschiedliche ist. Leben in der Buße ist Freiheit von widergöttlichen weltlichen Bindungen als Freiheit für Gott, die immer zugleich Freiheit für die Mitmenschen ist. So wird aus dem Umdenken alsbald ein andersartiges Leben.

Im „Lob der Tugenden" heißt es, keine einzige Tugend könne der Mensch besitzen, der nicht zuvor stirbt. Unter allen Begnadungen des Heiligen Geistes, die Christus seinen Knechten gewährt, sei die vornehmste, **sich selbst zu besiegen.**

Ein Hindernis auf dem Weg zu Gott können Eigenwille, Eigenliebe und eigene Weisheit ebenso sein wie der eigene Körper und Besitz, die Sorge vor dem Morgen wie der Stolz auf eigene Leistungen. Der Bußfertige hat auf jeden Anspruch zu verzichten. Pilgerschaft bedeutet für ihn auch, nichts als sein Recht zu betrachten und auf nichts einen Anspruch zu erheben. Man soll sich die Menschen deshalb auch nicht anders wünschen, als sie tatsächlich sind, ja man soll sie als solche lieben. Die Feindesliebe ist in diesem Sinne das äußere Zeichen eines Lebens in voller Hinwendung zu Gott. Der liebt seinen Feind wirklich, der, wenn er Unrecht erleidet, nur an den Schaden denkt, den dieser seiner eigenen Seele damit zufügt. Man soll tatsächlich die andere Wange hinhalten, wenn man auf die eine geschlagen wird, und sich nicht verteidigen. Ein rechter Bruder hat es, wenn er kritisiert wird, auch nicht eilig, sich zu entschuldigen, sondern nimmt auch eine falsche Kritik demütig auf. Wenn ein Bruder Franz zum Zorn reizte, so soll er oft in stillem Gebet seinen Ärger überwunden haben und danach nicht wieder auf die Sache zurückgekommen sein.

Lassen wir uns nämlich durch das böse Verhalten eines anderen erzürnen, **so geht das Böse gleichsam auf uns über**, indem etwa

Gedanken der Rache oder des Hasses in uns laut werden.
Nur wer sich über niemand entrüstet, stellt alles Gott anheim!

Vom Kommenden her betrachtet Franz alle Menschen und Verhältnisse seiner Gegenwart. Alles christliche Leben hat Darstellung des kommenden Reiches und Zeugnis für seine schon begonnene Wirklichkeit zu sein.
In diesem Leben ist das künftige so enthalten, wie im Dienen die Belohnung.

Herr, hätten wir Güter, so brauchten wir Waffen, um sie zu verteidigen, denn sie allein sind die Quelle aller Zwistigkeiten und Prozesse, und oft genug kommt dabei die Liebe zu Gott und zum Nächsten zu kurz. Deshalb wollen wir keine irdischen Güter.
Er meinte, alle Habe sei ihm nur von Gott geliehen. Würde er sie angesichts eines noch Ärmeren behalten, so würde er Diebstahl begehen. Damit machte er sinnfällig klar, dass er schlechthin nichts als seinen Besitz betrachtet; der einzig rechtmäßige Eigentümer sei Gott.

Der Mensch soll seine Güte darin zurückerstatten, **dass er sie an andere weitergibt.**

Auch der Wille ist eine Form des Besitzes, und wer den eigenen Willen durchsetzen möchte, will sich nicht in Wahrheit des Eigenen entäußern. Reinheit des Herzens ist nur durch Absage an die Welt erreichbar. Der Mensch der Buße kann vor Gott kein „doppeltes" Leben führen. Geduldig ertragen wir es, dass wir nicht gut sind, aber für nicht gut angesehen werden, **das ertragen wir nicht.**
Die Lauterkeit beweist sich darin, **das Gute und von Gott geforderte zu tun,** ohne Theorien und Spekulationen aufzustellen.
Der fromme handelt lieber, als das er redet; das Tun ist ihm wichtiger als Lehren, er lernt und lehrt in erster Linie durch sein vorbildliches praktisches Handeln und Verhalten.
Dem gehörten Wort Gottes ist alsbald zu gehorchen, denn Glaube ist Lieben und Gehorsam. Zum Verzicht auf den äußeren Schein gehört auch, dass man in seiner Rede kein anderer ist, als in seinem Leben. Ein guter Redner ist der, der das Gesagte selbst vollbringt. Gottes Reich besteht nicht in Worten, sondern in Kraft.

Ein Bruder ist in dem Maße gelehrt, wie er tugendhaft ist. Das schlichte Tun ist die Haltung der Liebe, denn die nach greifbarem Ausdruck strebende Liebe führt notwendig zum Handeln, während die weltliche Weisheit mehr mit der Kehle als mit den Händen arbeitet.

Die Gottesliebe realisierte sich für ihn in der Menschenliebe.

Die Brüderlichkeit und Höflichkeit ist besonders in Gefahr, wenn ein Bruder nicht anwesend ist. Deswegen soll man nie über einen abwesenden Bruder hinter seinem Rücken etwas sagen, was man nicht ebenso unbefangen in seiner Gegenwart äußern würde.

Die der Welt Abgestorbenen begeben sich von neuem in die Welt, um ihr in Barmherzigkeit zu helfen.

Franz verzichtete nach Möglichkeit auf Polemik. Er kehrte die natürliche Lebensrichtung auch insofern um, als er zum Grundsatz erhob, der Mensch solle hart zu sich selbst sein, dagegen alle anderen Menschen mild und versöhnlich beurteilen. Die einzig legitime Kritik war für Franz die Selbstkritik.

Wer den guten Namen eines Bruders antaste, habe gleichsam Gift auf seiner Zunge und suche damit andere zu vergiften. Statt sein Ideal theoretisch vor den Menschen hinzustellen, lebte er es ihnen vor. Er opferte sich auf im Apostolat des Beispiels.

Ein Diener Gottes muss so durch Leben und Heiligkeit in sich selbst glühen und erstrahlen, dass er alle Gottlosen durch das Licht seines Beispiels und die Sprache des heiligen Lebenswandels beschämt.

Er fordert, sich allen Menschen in Milde und Friedfertigkeit anzupassen, statt sie zum Zorn und Ärgernis zu reizen.

Die Schöpfung widerstrahlt die Herrlichkeit Gottes.

Gegen die Fürsten der Finsternis betrachtete er die Welt als ein Kampffeld, Gott gegenüber als einen reinen Spiegel seiner Güte. Er freute sich an allen Werken, die die Hand des Herrn geschaffen; der Anblick des Schönen führte ihm dessen Urgrund und Ursache vor Augen, er erkannte darin den Schönsten aller.

Jegliches Gut rief ihm, zu: **„Der uns gemacht hat, ist der Beste!"**

Was sind wohl Diener Gottes anderes als seine Sänger, deren Aufgabe es ist, die Herzen nach oben zu ziehen und sie mit geistlicher Freude zu erfüllen.

Arbeiten können ist eine dem Menschen von Gott verliehene Gnade. Die Arbeit ist eine äußere Sichtbarmachung der inneren Hingabe. Statt äußerlich etwas scheinen zu wollen, kommt es darauf an, innerlich echt zu sein.

Autobiographie – M. Gandhi

Was ich erreichen möchte, ist Selbsterkenntnis, Gott von Angesicht zu Angesicht zu schauen. In der Verfolgung dieses Zieles lebe ich, bewege ich mich und bin ich.
Doch ich bete Gott nur als Wahrheit an. Diese relative Wahrheit muss inzwischen mein Licht, mein Schild und Schirm sein.
Oft habe ich in meiner Entwicklung flüchtige Schimmer der absoluten Wahrheit, Gottes, erhascht, und täglich wächst in mir die Überzeugung, dass er allein wirklich ist.
Die Mittel der Wahrheitssuche sind ebenso einfach, wie sie schwierig sind. Sie mögen einem hochmütigen Menschen gänzlich unmöglich und einem unschuldigen Kind sehr wohl möglich erscheinen. Der Sucher nach Wahrheit muss demütiger sein als der Staub. Nur dann, und nicht vorher, wird er einen Schimmer der Wahrheit erhaschen.
Ich erkannte, dass ein Mann der Wahrheit auch ein Mann der Sorgfalt sein muss.
Wahrheit wurde mein einziges Ziel. Sie nahm täglich an Bedeutung zu, und meine Vorstellung von ihr wurde immer umfassender. Böses mit Gutem zu vergelten, wurde mein Leitsatz.

„Für eine Schale Wasser gib ein reichliches Mahl.

Für einen freundlichen Gruß verneig dich eifrig.

Für einen einfachen Pfennig zahl zurück mit Gold.

Wenn dein Leben gerettet wird, dann versage anderen nicht das Leben.

Beachte die Worte und Taten der Weisen.

Jeden kleinen Dienst belohnen sie zehnfach.

Aber die wahrhaft Edlen begreifen alle Menschen als einen einzigen.

Und vergelten mit Freude das ihnen angetane Böse mit Gutem." (S. 58)

Die Erfahrung hat mich gelehrt, dass Schweigen ein Teil der geistigen Zucht des Anhängers der Wahrheit ist.

Anfälligkeit für Übertreibung, für wissentliche oder unwissentliche Unterdrückung oder Verdrehung der Wahrheit ist eine natürliche Schwäche des Menschen, und es bedarf des Schweigens, um sie zu überwinden.

Ein Mann von wenigen Worten wird in seiner Rede selten gedankenlos sein, er wird jedes Wort wägen.

Es sind so viele Menschen auf's Reden erpicht.

Es gibt keinen Versammlungsleiter, der nicht mit Wortmeldungen behelligt wird. Und wenn dem stattgegeben wird, überschreitet der Redner im allgemeinen die Redezeit, bittet um mehr Zeit oder spricht ohne Erlaubnis weiter.

Von all dieser Rederei kann schwerlich gesagt werden, dass sie der Welt nutzen bringt. Sie ist reine Zeitvergeudung.

Meine Schüchternheit ist in Wirklichkeit mein Schirm und Schild gewesen. Sie hat mir bei der Erkenntnis der Wahrheit geholfen.

Gespräch zwischen einem Atheisten und einem Geistlichen:

„Nun Sir, Sie glauben an die Existenz Gottes?"

„Das tue ich", sagte der gute Mann leise.

„Sie geben auch zu, dass der Umfang der Erde 28 000 Meilen beträgt, nicht wahr?" sagte der Atheist lächelnd.

„In der Tat."

„Dann nennen Sie mir doch bitte den Umfang Ihres Gottes und sagen Sie mir, wo er stecken mag."

„Nun, wenn anders wir`s nicht wissen, wohnt er in unser beider Herzen."

„Aber, aber halten Sie mich doch nicht für ein Kind!"

Sagte der Atheist und blickte triumphierend. Der Geistliche verfiel in demütiges Schweigen.

Dieses Gespräch vergrößerte meine Abneigung gegen den Atheisten.

Die Kenntnis der Religion scheint im Unterschied zur Erfahrung in der Prüfung nur Spreu zu sein.
Demütige Bitten, Andacht, Gebet sind kein Aberglaube, sie sind Handlungen von größerer Wirklichkeit als Essen, Trinken, Sitzen oder Gehen.
Andacht und Gebet dieser Art sind kein Flug der Beredsamkeit, kein Lippenbekenntnis. Sie entspringen dem Herzen. Wenn wir daher jene Reinheit des Herzens erreichen, bei der es „von allem außer Liebe leer" ist, wenn wir alle seine Saiten auf den rechten Ton stimmen, so „erklingen sie zitternd von Musik jenseits des Sichtbaren."
Gebet bedarf des Wortes nicht. Es ist in sich unabhängig vor allem sinnlichen Bemühen. Ich hege nicht den geringsten Zweifel, dass Gebet ein unfehlbares Mittel zur Reinigung des Herzens von Leidenschaften ist. Aber es muss sich verbinden mit der äußersten Demut.

Ich hatte mir die Religion des Dienens zu eigen gemacht, da ich fühlte, Gott könne nur durch dienen erkannt werden. Ferner beschäftigte ich mich mit Tolstois Büchern. Sie machten einen tiefen Eindruck auf mich.

Ein schrecklicher Sturm
Der Dezember ist in der südlichen Hemisphäre ein Sommermonat des Monsuns.
Stürme, schwere und leichtere, sind deshalb zu dieser Jahreszeit auf dem südlichen Meer ziemlich üblich.
Der Sturm, der uns in seiner Gewalt hatte, war so heftig und langwierig, dass die Passagiere in Schrecken gerieten. Es war eine erhabene Szene. Alle wurden eins im Angesicht der gemeinsamen Gefahr. Sie vergaßen ihre Unterschiede und begannen an den einen und einzigen Gott zu denken – Muslime, Hindus, Christen und alle. Einige legten verschiedene Gelübde ab. Auch der Kapitän nahm an ihren Gebeten teil.
Er versicherte ihnen, dass er, obwohl der Sturm nicht ungefährlich war, schon viel schlimmere erlebt habe, und erklärte ihnen, dass ein gut gebautes Schiff fast jedem Wetter standhalten könne.
Aber sie waren nicht zu beruhigen. Jede Minute hörte man krachende Geräusche, die Brüche und Lecks ankündigten. Das Schiff schaukelte und schlingerte dermaßen, dass es schien, als wollte es jeden Augenblick kentern. Es war für

jedermann ausgeschlossen an Deck zu bleiben. **"Sein Wille geschehe", war der einzige Schrei aus aller Munde.** Soweit ich mich erinnere, müssen wir etwa 24 Stunden in dieser Notlage gewesen sein. Schließlich klärte sich der Himmel auf, die Sonne kam wieder zum Vorschein, und der Kapitän sagte, der Sturm habe sich gelegt. Die Leute strahlten vor Freude, und mit dem Verschwinden der Gefahr, verschwand auch der Name Gottes von ihren Lippen.
Essen und Trinken, Singen und Vergnügen waren wieder an der Tagesordnung. Die Todesfurcht war vergangen, und die momentane Stimmung des ernsten Gebetes wich der Unkenntnis des wirklichen eigenen Selbst. Natürlich fanden vorgeschriebene Gebete wie üblich statt, doch sie hatten nichts mehr von der Feierlichkeit jener Schreckensstunde.

Gewaltlosigkeit ist die Grundlage der Wahrheitssuche. Ich erkenne jeden Tag, dass die Suche vergeblich ist, wenn sie nicht auf Gewaltlosigkeit als Basis fußt.

Das Brot beweist, dass es Brot ist, indem es nährt.

Der Wein beweist, dass er Wein ist, indem er fröhlich macht.
Jesus Christus ist deshalb keine Erfindung der Menschen, denn er beweist durch seine Wahrheit, **dass sich Menschen solche niemals ausdenken könnten!**

Bei einer etwas heftigen Diskussion in einer Kirchgemeinde, sagte einer laut unüberhörbar hinein: „Ihr mit eurer Bibel, das ist doch lauter Mist."
Darauf folgte eine Weile betretenes Schweigen, das dann ein alter Bauer brach, indem er sagte: „Ja, wenn der Mist auf einem Haufen liegt, dann ist er nicht viel wert und stinkt sogar. Aber wenn man ihn verteilt, auf dem Feld, da wirkt er sogar Wunder."
So ist es mit Gottes Wort, es will Wunder wirken, wenn wir es nur annehmen wollen und nicht gleich negativ urteilen.
Den Inhalt der Bibel muss man deshalb nicht gleich als „Mist" bezeichnen, nur weil wir das Wort nicht annehmen wollen.
Wer kann z.B. gegen folgende Bibelstelle etwas Besseres setzen:
„Tut doch Taten, die eure Umkehr beweisen!"
Welche Taten sind gemeint?

„Wer zwei Gewänder hat, der gebe eines dem, der keines hat.
 und wer zu essen hat, der handle ebenso!"
Würden die Menschen dieser Welt danach handeln, brauchten jährlich nicht 50 Millionen Menschen verhungern.
50 Millionen sind im 2. Weltkrieg umgekommen. Dieser Krieg dauerte 6 Jahre. Wegen Hungers sterben aber heute in einem Jahr 50 Millionen Menschen.
In der Bibel aber steht „Mist"

Wie einer an die Ernte glaubt, obwohl er nicht erklären kann, wie aus einem Korn zuerst ein hohes Gras und dann hundert Körner werden, sie aber doch mit Gewissheit zu ihrer Zeit erwartet, weil eben gesät ist, also, mit derselben Notwendigkeit, darf er an das Reich Gottes glauben. (S.580 Bd. 3 A.S.)
Wenn man etwas nicht besitzt, dann ist das keine Schande.
Wenn man es aber weiß und trachtet nicht danach, dann ist es bedenklich. Am ersten sollen wir nach dem Reich Gottes trachten. Es ist uns gesagt, wir haben es gehört, gelesen, wir wissen es. Nun tun wir auch danach!

Nicht warum, sondern wozu lebe ich, wer braucht mich, was kann ich tun, wem kann ich etwas sein!
Ich glaube an die Sonne, auch, wenn sie nicht scheint!
Ich glaube an die Liebe, auch, wenn ich sie nicht verspüre!
Ich glaube an Gott, auch, wenn ich ihn nicht sehe!
(Im Warschauer Gettho an eine Mauer geschrieben).

Man hat Gott schon viel versprochen, weil man glaubt, dass man etwas geben müsse, wenn man Gott um etwas bittet. Das ist aber vom Grund her falsch. Gottes Liebe will uns geben, wie die Liebe überhaupt, sofern sie Liebe ist, gibt, ohne dafür etwas zu erwarten. Liebe gibt ohne Forderungen, sonst wäre es ein Geschäft. Wenn ich jemandem einen Gefallen tue, dann erwarte ich keine Gegenleistung, sonst ist es ein Geschäft.
Versprechen wir deshalb nur, was wir halten können, geben wir unsere Liebe, ohne die Gegenleistung des anderen zu erwarten. Was man aus Liebe tut, tut man niemals umsonst!

Oft wird gesagt, warum lässt Gott das zu?
Damit wird gesagt, Gott sollte uns seinen Willen aufzwingen, damit manches nicht geschieht.
Wenn das so wäre, wären wir nicht frei. Solange man ein Kind an der Hand führt, ist es nicht frei, kann es nicht ausbrechen, kann es sich nicht bewähren, weil es tun muss, was es darf.
Lässt man das Kind los, muss es sich bewähren, zu seinen Eltern bekennen. Es kann nun aber auch weggehen, sich von den Eltern lossagen. Jetzt muss es sich bewähren, was es gelernt hat, was es wirklich ist, was in ihm steckt. Es wird nun offenbar, was seine geheimsten Gedanken sind. So ist auch unser Verhältnis zu Gott.
Wenn wir Frieden in uns selber tragen, sind wir unendlich reich!
Nicht das Amt sondern die Treue wird belohnt!

Ap. Dienst v. 30.10.80
Ein großer Glaube ist nicht bei dem, der viel darüber diskutiert, sondern bei dem, der nachfolgt.
Wer nachfolgt tut, was ihm gesagt wird. Er horcht auf das Wort. Er lässt sich beraten. Wer sowieso immer alles richtig macht, braucht keinen Berater. Die Sänger aber singen:
„Sei du mein Vater, sei du mein Berater."

Jesus hat seine Jünger zur Nachfolge aufgefordert. Er hat nicht mit ihnen über den Glauben diskutiert. Sie waren auch nicht dazu fertig, aber er konnte sie verändern, zur Nachfolge bewegen. Und wer in der rechten Nachfolge steht, der erlebt an sich selbst, dass eine Veränderung stattfindet. Wo diese Veränderung durch das Wort in uns selbst nicht wahrgenommen wird, gibt es keine rechte Nachfolge.
Nachfolgen heißt, seinen eigenen Willen zur Seite stellen, ihn aufgeben. Die Menschen wollen aber nicht nachfolgen, sondern möchten, dass andere ihnen folgen. In der Nachfolge muss man sich aufopfern, muss man sein Bestes geben was man hat. Jesus selbst gab was er hatte, zunächst sein Wort und am Schluss sein Leben für uns.

Viele opfern, aber geben nicht. Andere geben, aber opfern nicht.

Ein liebes Kind ist eine Quelle der Freude!
Liebe Kinder, Gotteskinder, folgen, folgen nach!
Diese sind eine Freude für die Eltern, für Gott, den Vater!

Altes Brot ist nicht hart. Wenn man kein Brot hat, das ist hart!

Nach dem 2. Weltkrieg gab es bis 1980 – 130 Kriege.
Aus Europa wurde der Krieg verbannt. Nicht wegen der Verdienste der Politiker oder einer höheren Ethik, sondern die Angst vor den Waffen, speziell der Atomwaffen, hat dies geschehen lassen, weil man weiß, wer zuerst schießt, stirbt als zweiter.
Die Menschen sind klug, denn sie haben komplizierte Waffensysteme geschaffen, **aber sie sind nicht fähig ihrer Klugheit zu leben.** Theoretisch gibt es keine Überlebenschancen, wenn die Waffen eingesetzt werden, die praktisch vorhanden sind. Warum neue Waffen erfinden, warum mehr Waffen besitzen wollen, wenn die vorhandenen genügen, um das „Inferno" auf Erden herbeizuführen?
In den Gehirnen der Menschen scheint etwas nicht in Ordnung zu sein. Der Kampf der Geister ist groß, aber nicht kompliziert. Es ist nur der Kampf **zwischen „gut" und „nicht gut".**

Beten wir, damit das Gute in uns stark wird und das Böse keinen Raum hat!

Wir leben in einer Zeit der Alternativen. Die große Alternative, den Menschen Frieden zu geben, ist bisher noch nicht gefunden. Aber die Antwort steht schon in der Bibel. Man muss nur nachlesen und danach tun. Dort steht: „Der Mensch lebt nicht vom Brot allein, sondern von jedem Wort, das Gott spricht." (Matth. 4.4)

Ein Weiser wurde einmal gefragt, was er tut, dass man ihn einen Weisen nennt. Er antwortete: „Wenn ich sitze, dann sitze ich, und wenn ich stehe, dann stehe ich, und wenn ich gehe, dann gehe ich, und wenn ich laufe, dann laufe ich." Das tun wir auch, sagte man zu ihm und fragte, was er darüber hinaus noch tue. Er sagte wieder dasselbe und man entgegnete ihm, ja, das tun wir doch auch. Er aber sagte:
„Nein, das tut ihr gerade nicht. Wenn ihr sitzt, dann steht ihr schon, und wenn ihr steht, dann geht ihr schon, und wenn ihr geht, dann seid ihr schon am Ziel."

Die Wahrheit bedarf zu ihrer Anerkennung nicht der schwachen Kräfte des Denkers.
    (A. Einstein)

Das Gesetz der Wüste lautet: „der Starke gegen den Schwachen!"

So sollen wir nicht handeln, **sondern nach dem Gesetz Gottes, welches heißt: „der Starke für den Schwachen."**

Das Alter ist wie die untergehende Sonne, die nicht mehr wärmt, aber noch ihre imponierende Größe hat!

Lebenserfahrung und Erfahrung in der schöpferischen Arbeit, sind ein Privileg des Alters!
    (A. Einstein)

Es gibt keine gerechten Kriege, **weil es keine gerechten Atombomben gibt!**

Zu einer Hochzeit waren viele Gäste gekommen. Der Nachbar rief seinen Knecht und sagte: „Sieh nach, wie viel Menschen dort auf der Hochzeit sind." Der Knecht ging, legte einen Holzklotz vor die Schwelle und setzte sich auf eine Rasenbank vor dem Haus, um zu warten, bis die Gäste herauskämen. Schließlich brach man auf. Jeder, der herauskam, stolperte über den Holzklotz, schimpfte und ging weiter. Nur ein altes Weiblein machte, nachdem es ebenfalls

gestolpert war, kehrt und wälzte den Holzklotz beiseite.
Der Knecht kam wieder zu seinem Herrn. Der Herr fragte: „Waren viele Menschen dort?" Der Knecht sagte: „Nur einer, und das war ein altes Weiblein." „Wie das?" „Ich hab einen Holzklotz vor die Tür gewälzt. Alle sind darüber gestolpert, und keiner hat ihn beiseite geschoben, so machens auch die Schafe. Das alte Weiblein aber hat ihn beiseite geschoben, damit die andern nicht darüber fallen. So machen es nur die Menschen. **Sie allein war ein Mensch!"**
(Tolstoi Seite 274 Bd. 8)

Wenn wir bedenken wie lange wir tot waren, ehe wir geboren wurden, brauchen wir uns vor dem Tod nicht zu fürchten. Es hat uns ja nichts geschadet und von dem Eintritt in diese Welt wissen wir auch nichts mehr, obwohl es eine gewaltige Leistung der Natur gewesen ist, woran wir beteiligt waren. Auch der Tod ist ein Übergang in eine andere, höhere Stufe des Lebens.

Zünden wir ein Lichtlein an, damit es die Finsternis erhellen kann!

Aus einer Gemeinschaft, wie der Familie, in die man hineingeboren ist, **kann man nicht austreten**. Man kann ausziehen aus ihr, sich von ihr entfernen, trotzdem wird man ein Mitglied, der Sohn, die Tochter, der Bruder, die Schwester usw. aus dieser Gemeinschaft sein und bleiben. Seine Freunde kann man sich aussuchen, seine Familie nicht, man muss mit ihr leben, nah oder fern, man gehört zu ihr, ist ein Teil von ihr. Nicht anders ist es mit der Gotteskindschaft. In die Gemeinde wurden wir hineingeboren. Das Siegel der Gotteskindschaft ist an unsere Stirn geschrieben unauslöschlich, für ewig lesbar. Man kann aus dieser Gemeinschaft eigentlich nicht austreten, sich abmelden. Man kann sich entfernen, aber ein Kind Gottes sind wir geworden aus der Wiedergeburt von Wasser und Geist und werden es bleiben.

Wer sich aus einer Gemeinschaft entfernt, hat keinen Teil mehr mit ihr. Man geht mitunter des Erbes verlustig. Man wird enterbt. Aber die Gemeinschaft existiert trotzdem, für die, die in ihr geblieben sind und nur sie werden das Erbe hinnehmen und von den guten Früchten der Gemeinschaft genießen können.

(Jupiter – Schütze – Fische)

Wenn du ein Schütze bist, dein Ziel ist das Leben. Du bist eine leuchtende Flamme, die sich verzehrend für andere hingeben muss. Es ist schön dich gewinnen zu sehen. Noch schöner ist es zu sehen, wie du verlieren kannst.

Es ist schwer sich zum Reden zu zwingen. Schwerer ist es, sich zum Schweigen zu zwingen. Noch schwerer ist es zu denken, am schwersten aber ist es zu fühlen und zu lieben.

Gute Nachbarn hat man, wenn man selbst ein guter Nachbar ist!

Glücklich ist, wer vom morgigen Tag nichts verlangt, wohl aber erwartet, und vom heutigen Tag dankbar annimmt, was er ihm schenkt.

Herr, zeige mir deinen Weg, **denn deine Güte ist mein Leben!**

Solange wir auf Erden leben, fragen wir nach Gott. Wir suchen nach ihm. Wir möchten erfahren, dass er da ist. **Wenn wir gut zueinander sind, ist er uns nahe.**

Nicht der Tod wird mich holen, **sondern der gute Gott!**

Wer Christus ist, erfahren die Menschen, indem sie uns beobachten!
Ob die Menschen mit Achtung, voll Erwartung und Hoffnung von Jesus sprechen, liegt an uns!
Ich danke dir Jesus, für dein Vertrauen. Hilf mir, es nicht zu missbrauchen.

Gib mir Dein Herz!

Aber wie müssen wir es machen, dass wir aus jenen finstern Gedanken von Gott in das Licht der Wahrheit hineinkommen?
Das können wir nicht selber machen, das muss uns gegeben, geschenkt werden. Es sind Gaben, die nicht aus uns kommen, und wenn wir unseren Herzensgrund zermalmen und zerschlagen wollten, so hilft das alles nicht. Er muss uns die neue Kreatur schenken, sonst keiner, denn Gott will lauter Leute haben, die alles geschenkt von ihm annehmen.
Oder kann auch ein Kind etwas dazu beitragen, dass es gezeugt und geboren werde? Ebenso ist es ein reines Werk Gottes, wenn ein Mensch aus dem Tode zum Leben, aus der Feindschaft gegen Gott zur Freundschaft und Liebe seines Schöpfers kommt.
Man kann`s nicht erkaufen, nicht erhandeln, nicht erkämpfen, es ist seine Gabe.

Gut! Sagst Du, aber damit ist mir noch nicht gedient, ich fühle es sollten ganz neue Gedanken und Gefühle von meinem Gott in mich gepflanzt werden, aber da möchte ich wissen, was ich dabei zu tun habe. Wenn Du das wissen willst, so kann Dir`s gesagt werden.
Gott sagt es Dir: **„Gib mir mein Sohn Dein Herz!"**
Gib ihm Dein steinernes Herz, so wird er Dir ein fleischernes, ein weiches, ein erneuertes Herz geben; gib ihm Deinen Unverstand, so wird er Dir Verstand geben; gib ihm Deinen Hochmut, so wird er Dir Demut geben; gib ihm Deinen Ungehorsam, er gibt Dir dann Gehorsam, gib ihm Dein Misstrauen, er gibt Dir Vertrauen, gib ihm Deine Feindschaft, er gibt Dir Liebe, **gib ihm alles, was Du hast, er gibt Dir alles, was er hat.**
Sage z.B. zu Deinem Heiland: „Herr erbarme dich, vergib mir meine Schuld, mache mich zu einem neuen Menschen, der dir wohlgefällig lebt.
Aber ich habe ihn schon so oft um ein neues Herz gebeten, sagt vielleicht jemand, ich habe ihn ernstlich darum gebeten, es ist noch nicht anders mit mir geworden.
Vielleicht, lieber Mensch, hast Du nur um das neue Herz gebeten, und ihm das alte nicht

gegeben, oder Du hast das alte, während er es nehmen wollte, wieder zurückgezogen und behalten.
Nicht wahr, das ist der Grund Deines Elends? Man betet; „Nimm mir meinen Hochmut!" Nun kommen Demütigungen, **die will man sich nicht gefallen lassen.** Man betet: „Nimm mir meine Ungeduld!" Nun kommen Geduldsübungen, da heißt es: **ja, so hab ich es nicht gemeint,** ich habe gemeint, es sollte ohne Schmerzen abgehen, also lässt man seine Ungeduld wieder aus und denkt: **das ist nur diesmal so, ein andermal will ich gewiss geduldig sein.**
Wendet Euch zum Herrn Jesus und saget: Hilf mir, Herr Jesus! Du bist mein und ich bin dein, offenbare mir doch deinen großen Jesusnamen und deine ewige Erlösung. Wenn Ihr den Heiland so bittet, dann werdet Ihr Kinder des Lichts werden, und sagen können, wie Jakobus sagt: „Er hat uns gezeuget nach seinem Willen durch das Wort der Wahrheit, auf das wir wären Erstlinge seiner Kreaturen."
O, wer fasst dieses Wort: „Erstlinge seiner Kreaturen zu werden!"

Ein Gleichnis erzählt von einem Hirten, der auf einer Flöte spielt und am Ufer eines Flusses sitzt. Dabei sieht er vom anderen Ufer einen Mann

herüberkommen. Als er bei ihm ankommt sagt er, dass er der Tod sei und ihn holen wolle. Er fragte ihn, ob er denn Angst habe. Der Hirte aber sagte nein, denn ich habe ja immer hinübergesehen. Ich kenne ja das andere Ufer.
Da legte der Tod ihm die Hand auf die Schulter und fuhr mit ihm an das andere Ufer.
Dort angekommen, hörte er die Musik von seiner Flöte. Diese Musik ist noch dort gewesen. Auch sie war angekommen und nun immer hörbar gewesen.
Schauen auch wir hinüber an das andere Ufer? Setzen auch wir uns hin und schauen hinüber, dann ist uns nichts fremd, wenn wir von einem Ufer an das andere gehen. Dann haben wir keine Angst, denn wir kennen es schon. Auch das, was in uns zu klingen beginnt, **und nur das**, ist drüben angekommen und bleibt ewig dort.
Wenn wir hier mit unserem Wissen am Ende sind, immer dann ahnen wir, was unserem Verstand verborgen ist.

„Hör jeder uns zu, der uns hören kann, zu grüßen fangen wir nunmehr an.
 Gott grüßen wir im höchsten Thron, wir grüßen Christus, seinen Sohn,
 den heiligen Geist, der uns erfüll und das göttliche Wunder enthüll.

Euch grüßen wir, die ihr versammelt seid. Wir grüßen die Sehnsucht, die Liebe, das Leid."

„Freuet euch mit mir, ob groß, ob klein: Gott gibt sich in die Welt hinein.
 Er, dem die Sonne untertan, der Mond, der Sterne weite Bahn,
 auch alles, was die Erde trägt, was sich im Grund des Meeres regt,
 die Vögel auch, die hoch sich schwingen, er kommt, um uns das Heil zu bringen."

„Stille, stille, Erde, Himmel und Meer! Stille ihr Menschen, schaut hierher!
 Seht auf das Wunder: das Kind, das da ruht, ist Gott und auch Mensch, uns allen zugut.
 Kommt nun, ihr Menschen, herbei, herbei! Der Heiland bricht euren Kummer entzwei,
 erlöst von den Sünden, befreit vom Bann. Kommt alle herbei und betet ihn an!"

Ein Greis pflanzte Apfelbäume. Die Leute sagten zu ihm: „Wozu pflanzt du diese Bäume? Man muss lange warten, bis sie Äpfel tragen, und du wirst nicht mehr dazu kommen, von diesen Äpfeln zu essen."
Der Greis sagte: „Nun, wenn nicht ich, dann werden andere sie essen und mir dankbar sein."

Auf dem Nährboden des Friedens kann alles gedeihen. Das ist so, wenn wir in unserem Herzen dafür sorgen, aber auch gilt es für die ganze Welt. Im Frieden kann alles gedeihen. **Der Unfriede zerstört.**
Wenn einer sich das Leben nehmen will, aus welchen Gründen auch immer, und ein anderer sieht es, wird dieser, wenn er Nächstenliebe hat, rufen: Tu es nicht" Er wird versuchen, ihn davon abzuhalten.
Genauso werfen viele ihr Seelenleben fort – sind wir dann solche, die rufen: Tu es nicht! ?

Edel sei der Menschen, hilfreich und gut! Denn das allein unterscheidet ihn von allen Wesen, die wir kennen.
Heil den unbekannten höhern Wesen, die wir ahnen!
Ihnen gleiche der Mensch. Sein Beispiel lehr uns jene glauben.

Wenn ein Wunder in der Welt geschieht, geschieht's durch liebevolle, reine Herzen.

Denken und Tun, Tun und Denken, das ist die Summe aller Weisheit, von jeher anerkannt, von jeher geübt, **nicht eingesehen von einem jeden...**

Über allen Tugenden steht eines: das beständige Streben nach oben, das Ringen mit sich selbst, das unerschütterliche Verlangen nach größerer Reinheit, Weisheit, Güte, Liebe.

Lieber Gott, schütze und segne alles, was Odem hat, bewahre es vor allem Übel und lass es ruhig schlafen.

Wer sich wirklich nach etwas sehnt, der wird alles in seinen Kräften stehende tun, um das Ziel der Sehnsucht zu erreichen.

Was jeder Tag will, sollst du erfragen, was jeder Tag will, wird er sagen,
Musst dich an eigenem Tun ergötzen, was andere tun, wirst du schätzen,
besonders keinen Menschen hassen, und das Übrige Gott überlassen.
Dir selbst sei treu und treu den andern.

Willst du ins Unendliche schreiten, geh nur im Endlichen nach allen Seiten.
Was ist Unendlichkeit? Wie kannst du dich so quälen?
Geh in dich selbst! Entbehrst du drin Unendlichkeit in Geist und Sinn, so ist dir nicht zu helfen!

Und mögen wir, jeder in der uns gegebenen Möglichkeit das schlichte Menschentum des „Edel sei der Mensch, hilfreich und gut" auch zur Tat werden lassen, dass es nicht nur als Gedanke, sondern auch als Kraft unter uns sei.

Wo Freude so klingt, ist Gottes Odem!

Wie töricht ist es, wenn Kinder Gottes sagen: unerträglich!
Was Gott uns auflegt ist niemals unerträglich. Hast du schon einmal gesehen, was für Inschriften an den Güterwagen der Bahn stehen? Da heißt es: Ladegewicht 12 000 Kg. Darunter: Tragfähigkeit 13 500 Kg. Das soll heißen: Der Wagen kann wohl viel mehr tragen, aber er darf doch nicht so schwer beladen werden, wie er tragen kann.
Er muss geschont werden! Wenn schon die Eisenbahndirektion besorgt ist um ihre Wagen, wie viel mehr sorgt Gott dafür, dass keines seiner Kinder überbürdet und überladen wird!

Geborgen in Christo

Man stelle sich einen in stürmische See gefallenen Seemann vor, der von einem Rettungsboot aufgefischt wird. Er befindet sich dann wohl noch im Sturm und in aller Not, aber er ist bereits mitten im Sturm geborgen, in dem Schiff, das ihn aufgenommen hat.

Menschen, die in Christo sind, werden nicht herausgenommen aus den Nöten der Welt, aber sie sind jetzt schon geborgen in ihrem Heiland und Herrn.

Es geht ein heiss` Verlangen, ein Sehnen durch die Zeit. Die Menschheit sucht mit Bangen nach Gott und Ewigkeit. Du sollst den Weg zum Frieden verkünden weit und breit! Das ist der Ruf des Christus an die Jugend unserer Zeit.

Wir schämen uns der Botschaft nicht, die fröhlich wir verkünden. Er starb am Kreuze im Gericht ein Heiland für die Sünden. Er zahlte dort das Lösegeld für alle Schuld der ganzen Welt. Heil dem, der ihn zum Herrn erwählt und gläubig ihm vertraut.

Bekehrung

Die widerfahrene Bekehrung muss sich im ganzen Leben bewähren. Die Frage bleibt immer neu: Hat die Bekehrung vorgehalten? War sie echt? Ging sie tief genug? Ist der Geldbeutel mit bekehrt? Die eigene Gerechtigkeit? War die

Umkehr wirklich Umkehr zu Gott, war sie wirkliche Freude?

Die Gewissheit der Weltvollendung und des endgültigen Kommens des Reiches Gottes dürfen wir nicht an den Auswirkungen des Bösen aufzeigen, sondern allein am Sieg des Gekreuzigten und Auferstandenen – Christus.

Ohne Opfer kann man nichts Gutes tun.
Ohne Opfer kann man nicht helfen.
Was ist gut? Gut ist alles, was man mehr tut als von einem verlangt wird.
Nur über das mehr hinaus werden wir Gutes tun und helfen können.

Unser Lohn ist die Verwandlung. Aber der großen Verwandlung am Tag des Herrn gehen die kleinen Verwandlungen in jedem Gottesdienst voraus. Das Reich Gottes muss in uns selbst beginnen. Nur so werden wir in dieses eingehen.

Das Wort „dienen" hat einen schlechten Klang bei den Menschen. Darum tausche man es aus und setze an seine Stelle das Wort „helfen".
Einem anderen helfen, das ist in den Augen der Menschen etwas Gutes.

Wenn wir also nicht „dienen" wollen, dann „helfen" wir doch. Und das nicht irgendwann, sondern gleich und sofort. Fangen wir heute damit an!

Wenn wir uns streiten, dann mangelt es uns nicht an Geld und Gut, **sondern immer an Güte!**

Es muss aber auch unser Verhalten so sein, dass uns die Engel dienen können.
Wir sind in diese Welt gesandt, als ein lesbarer Brief Jesu!
Wir können niemanden ehren, solange wir denken, ein Mensch sei soviel wert wie er leistet.
Wir müssen vielmehr erkennen, dass der andere von Gott so hoch geschätzt ist, wie ich auch.
Dann erst werden wir ihn ehren und achten und lieben.

Das Gottesreich ist gleich einem Acker, auf dem guter Samen ausgestreut wurde. Das heißt: **„Im Reich Gottes wird kein böser Gedanke Platz haben können."**

Wir sollen uns nicht die Köpfe waschen, sondern die Füße!
Das Schwert des Petrus hat nicht recht bekommen!

Habe ich übel geredet, so beweise, dass es böse sei; habe ich aber recht geredet, was schlägst du mich?
Simon von Kyrene musste Jesu das Kreuz tragen. Die Kriegsknechte zwangen ihn. Er wollte das Kreuz nicht tragen. Sind wir wohl alle bereit, dem Herrn Jesus das Kreuz nachzutragen und es sogar willig tun?
Dass wir es tun müssen, daran kann kein Zweifel sein, denn seinen Jüngern gilt der Ruf des Meisters: „Will mir jemand nachfolgen, der nehme sein Kreuz auf sich und folge mir!"
Kein Menschenleben ist ohne Kreuz und Leid. Es überfällt uns oft hart. Krankheit, Leid, Misserfolg…
Jesus sucht Menschen, die verstehen warum er leidet. Er leidet für uns – für unsere Errettung. Nichts ist so gewiss für uns wie der Tod und keiner wird für den anderen sterben. Wir müssen sein in Christo!

Pflichterfüllung ohne Liebe macht hart!
Wissen ohne Liebe macht überheblich!

Dass man immer wieder mit denselben Menschen von vorne anfangen muss, hat sein Gutes. Von Liebe über alle 5 Erdteile hinweg reden kann jeder. Aber halte einmal den Namen

Jesu und die Namen der 12 bis 14 Menschen, die sich mit dir treffen, zusammen.

Atme in mir, du Heiliger Geist, dass ich Heiliges denke!
Treibe mich, dass ich Heiliges tue, dass ich Heiliges liebe!
Stärke mich, dass ich Heiliges hüte, dass ich Heiliges nimmer verliere!

Jugenddienst Ap. Hofmann 21.03.82 in Gera
Psalm 105 Vers 1-3
„Danket dem Herrn und predigt seinen Namen, verkündigt sein Tun unter den Völkern!
Singet von ihm und lobet ihn, redet von allen seinen Wundern!
Rühmet seinen heiligen Namen, es freue sich das Herz derer, die den Herrn suchen!"

- Hand aufs Herz – gehen wir gern zum Herrn?
- Machen wir aus unserer Gotteskindschaft etwas?
- Das Werk des Herrn braucht die Mitarbeit der Jugend, die Kraft der Jugend.
- Machen wir den Grund unseres Glaubens fest, damit Gott darauf bauen kann. Die Steine dazu hat er schon bereit.

- Predigen wir seine Wunder! Ohne viel Worte! Sondern in Taten! Ein großer Prediger kann ein jeder sein, durch seine kleine gute Tat! Wenn der Vorsteher sagt: ich brauche dich zum Reinigen des Lokals oder zum Heizen des Lokals, dann sage: Hier bin ich. **„Das ist eine Predigt."**
- Danken wir dem Herrn! Werden wir noch ein wenig dankbarer.
- Wer keine Wunder erlebt, der bete mal etwas mehr, damit er mal welche erlebt.
- Seid keine Wüstenprediger! Das heißt: gute Ratschläge und Hinweise geben, ohne etwas zu tun. **Die Tat ist größer als das Wort.**
- Lieben wir nicht nur unseren Apostel, sondern auch und im Besonderen die Alten und Einsamen, die Schwachen und Kranken. Darin erweist sich unsere wahre Liebe zum Werk des Herrn.
- Hand aufs Herz! Wie ernst ist es uns mit unserem Glauben?

…ihr könnt ihnen (den Kindern) gleich werden, aber macht euch sie nicht gleich!
Die Zeit läuft nicht rückwärts, sie bleibt auch beim Alten nicht stehen. Wenn ihr nicht werdet

wie die Kinder – **so wie ihr seid** – könnt ihr nicht in das Himmelreich kommen!

Die Liebe und Güte eines Gottesknechtes zu den ihm anvertrauten Seelen garantiert ihm die Nachfolge und das Vertrauen der Gotteskinder.

Viele Religionsgemeinschaften weisen zu Gott. Keine von ihnen kann vollständig sein, wenn sie nicht die Erlösung vor Gott beinhaltet!
Denn mit dem Glauben verhält es sich wie mit der Liebe. Es gibt vorneweg keine Garantieerklärung. Ob eine Liebe echt ist, kann man nicht unbeteiligt, von außen feststellen. Man muss sie leben, sich ganz hineingeben. Erst dann spürt man, wie wirklich sie ist, dass sie einen trägt, vielleicht verändert. Auch den Glauben begreift man erst, im dem man damit Erfahrungen sammelt.

Wer Menschen nicht gehorchen kann, der wird dem Heiligen Geist schwerlich gehorchen. Der kann auch Gott nicht folgen.

Wie können sie so an jedes Wort der Bibel glauben?
Er gab zur Antwort: „Wenn sie morgen wieder von Frankfurt abreisen, so schlagen sie das

Kursbuch auf und sehen nach, wann der Zug abgeht. Und wenn da steht, um sieben Uhr morgens fährt der erste Zug, so stellen sie weiter keine Untersuchungen an über die Zuverlässigkeit des Kursbuches sondern gehen morgens um sieben Uhr auf den Bahnhof und finden dort den angegebenen Zug.
Genauso wie sie es mit dem Kursbuch machen, habe ich es seit 50 Jahren mit der Bibel und ihren Geboten und Zusagen gemacht, und ich habe ihre Weisungen in einem langen Leben auch unter Hunderten von Todesgefahren immer richtig gefunden.
Wenn z.B. in der Bibel steht: Trachtet am ersten nach dem Reich Gottes, so wird euch alles Übrige zufallen, so habe ich mich danach gerichtet und bin dabei in allen kritischen Lebenslagen nie enttäuscht worden. Handeln sie ebenso, und sie werden dieselbe Erfahrung machen!"

Die Welt wartet auf unser Zeugnis, lasst es uns ihr nicht vorenthalten!

Haushalterschaft für unseren Herrn besteht doch nicht darin, dass wir ständig aus dem Fenster schauen, ob der Herr kommt. Sondern das ist

Haushalterschaft: **die Bücher so zu führen, dass er jederzeit kommen kann.**

Wir sollen keinen Tag beschließen, ohne mit Gott ins reine gekommen zu sein.
Lasst die Sonne nicht untergehen über dem Zorn, den ihr gegen einen anderen Menschen habt.
Wenn wir auf unseren Herrn warten, dann bekommen wir Mut zum Handeln und lernen Sorgfalt zugleich.

In der Predigt spricht Gott mit uns. Im Gebet dagegen sprechen wir mit Gott.

Mach dir zuweilen die große Freude, einem anderen eine kleine Freude zu bereiten.

Wenn zwei sich so zurüsten, dass sie sich gegenseitig umbringen können, die Waffen dazu aber zurückhalten, so kann man das keinen Frieden nennen. Aus solch einer Zurückhaltung kann im Kleinen, wie im Großen kein Frieden erwachsen.
Der Friede Gottes aber bedeutet mehr als nur das Gegenteil von Krieg. Mit Liebe wird das Böse überwunden. Ostern ist der Sieg der Liebe. Der Auferstandene zeigt uns, dass die Liebe stärker

ist als alle kleinen und großen Bosheiten, die Menschen einander antun.

Unsere Erde ist gekennzeichnet von der Gegenwart des lebendigen Herrn. Überall da, wo wir Frieden stiften, wo wir aufeinander zugehen, wo wir Vorurteile abbauen, und Zeichen der Versöhnung aufrichten, ist der Auferstandene gegenwärtig.

Menschen, die von Ostern angerührt sind, vertrauen auf ihren Herrn. Er will uns mit seiner Kraft ausrüsten, die über uns selbst hinausreicht. Er will uns aufrichten. Er will uns trösten. Er will uns stärken. Alle Menschen sollen an der Auferstehung Christi teilhaben. Deshalb sind wir zu Zeugen berufen. Unsere Aufgabe besteht darin, das mitzuteilen, **was wir erlebt haben.** In jedem Fall sind wir Betroffene. Als Zeugen des Auferstandenen sollen wir den Ostersieg verkündigen. **Jeder ist als Christ dazu aufgerufen und verpflichtet.**

Diamanten sind aus einfachem Material, aus Kohlenstoff. Unter dem über lange Zeit wirkenden großen Druck entsteht dieser wunderbare Edelstein. So werden auch unsere Seelen unter Kreuzesdruck und Schmerz, unter manch lange währenden Belastungen zu Edelsteinen. Wir wissen, dass Gott nur so viel auferlegt, wie wir tragen können. Er kennt die Tränen und Seufzer, das Kreuz und die Last der treuen Gotteskinder, **die alles Auferlegte in Demut tragen.**

Es gibt Menschen, die schreiben gute Bücher. Und es gibt Menschen, die schreiben keine guten Bücher, **denn sie sind es.** Es gibt Menschen, die schreiben Lieder. Und es gibt Menschen, die schreiben keine Lieder, **sie sind selber eine Melodie!**

Die Seligkeit ist eine Kraft zur Treue.

Viele Kleinigkeiten ergeben die Vollkommenheit, **aber die Vollkommenheit ist keine Kleinigkeit.**

Durch drei Siebe sollen wir reden. **Das erste ist die Wahrheit.** Ist es wahr, was ich sagen will, von wem habe ich es. **Das zweite ist die Liebe.** Rede ich aus Liebe zu anderen oder aus Eigenliebe, aus Liebe zu mir selbst. **Das dritte ist die Notwendigkeit.** Ist es überhaupt notwendig, dass ich das, was ich sagen will einem anderen erzähle. Muss er es wissen, belaste ich ihn vielleicht, versteht er es überhaupt, wird er es für sich behalten oder aus

Wichtigtuerei sofort weitersagen, wird er es richtig weitersagen, oder etwas hinzufügen, entstellen?

Wer eine Sache machen will, der findet Wege und Mittel. Wer sie nicht will, **der findet Ausreden!**

Jugend über Kirche: Was da gepredigt wird, das kommt in meinem Leben gar nicht vor.
Was ist Religion: „Sehnsucht nach Heimat"
„Mutter Teresa"
„Jesus Christus"

Über den Tellerrand sehen, d.h. aus allen Gemeinschaften das Gute nehmen. Sich selbst verwirklichen. **Gerade das ist Religion nicht! Selbstaufopferung ist der höchste geistige Zustand, den ein Mensch erlangen kann.**
Niemand hat größere Liebe als der, der sein Leben hingibt für andere.
-Mutter Teresa – Jesus Christus –
Liebe deinen Nächsten wie dich selbst.

Keiner, der an unsere Türe klopft, soll abgewiesen werden!

Du brauchst zum Schuhputzen oder zu einem anderen kleinen Dienst dieselbe Gnade, wie zu einem großen Dienst. Nicht du bist der Wirkende, sondern Gott!

Glauben heißt nicht sich abmühen, sondern sich beschenken lassen.

Nicht meine Schwachheit hält den Herrn auf, sondern meine Kraft.

Es ist alles gut, was der Vater tut. Herr, verherrliche dich, wie, das ist deine Sache!

Umwandlung ist das sicherste Zeichen der Kinder Gottes. Alles andere ist Selbsttäuschung.

Willst du das Große erreichen, fang mit dem Kleinen an, deine Tadler werden schweigen, ist das Kleine groß getan.

Die Tat der Liebe ist die Predigt, die jeder versteht, und die das Feuer anzünden muss.

Kleider machen Leute, **aber das Herz den Menschen.**
Jesus warnt vor denen, die sich durch Kleidung, Benehmen und Frömmigkeit meisterhaft

verkleiden. Zu viele nehmen sie sich zum Vorbild.

Der Herrschaftsbereich des Kaisers reicht soweit, wie seine Münzen reichen. Er hat das Recht zurückzufordern. Vielmehr Sorge sollten wir uns aber machen, ob wir als Ebenbilder Gottes auch ihm zurückerstatten, was ihm gehört und gebührt oder nicht.

So sollte jedes Gotteskind über seine Wünsche wachen – fällt ihm dann zu, wonach er sich gesehnt hat, so weiß es: **Das habe ich dem Herrn zu verdanken! Ihm gebührt die Ehre.**

Sind wir noch ein Zeuge der Hoffnung?
Sind wir noch ein Zeuge der Liebe?
Sind wir noch ein Zeuge der Wahrheit?

Wenn die Menschen auf uns blicken, können sie Hoffnung aus unserem Leben erkennen und Hoffnung für ihr eigenes Leben nehmen?
Wenn die Menschen auf uns blicken, können sie liebevolle Taten (Nicht nur Worte) an uns sehen und werden sie davon bewegt von unserer Liebe auch zu ihnen?
Wenn die Menschen auf uns blicken, können sie dann merken, dass wir die Wahrheit sagen

und können sie diese von uns annehmen, weil sie uns kennen?
Christen werden nicht durch mitleiden am eigenen Körper mitleidig, mitleidig mit anderen, sondern durch ihre helfende Tat leiden sie mit den anderen mit. Deshalb versteht und empfindet ein Christ das Leid seines Nächsten, auch wenn er selber in guten Verhältnissen lebt und gesund sein darf.

Denk an dein Ziel und dir wird nichts zu viel!

Jesus verklär dich in mir noch mehr, dass diesen Frieden ferner nichts stör!

Wenn ich andere bekehren will, muss ich selbst mich bekehren, muss ich selbst in mir zuerst ein reines Herz schaffen. Erst dann kann ich wirken mit wirklichem Erfolg.
Es ist wie das Wachstum – von innen – aus mir heraus kann ich gute Gedanken und Kräfte zur Entfaltung bringen, damit sie außerhalb von mir gewaltig wirken können.
Böse Gedanken haben natürlich eine böse Kraft, aber der Weg ihrer Wirkungsweise ist derselbe!
Dadurch, dass wir das Edle, Reine und Erhabene lieben und verehren, entsagen wir unaufgefordert dem Unreinen, Unedlen und Niedrigen.

Suche stets das Glück des anderen und du wirst dein eigenes finden.

Mache mich einfältig, eine nach der Weltweise sonderbare Bitte. Nach dem Verstand bedeutet „einfältig" gleich dumm oder töricht. So aber nicht nach Auffassung des Heiligen Geistes. Es heißt, mein Herz soll nicht vielfältig, vielseitig, ein Platz für viele Geister sein, **sondern es soll eine Herzensfalte sein, darin ein Geist, ein Gott seinen Tempel hat.**

Vergleicht man Gott mit einem Ozean, so kann man fragen: „Wird der Tropfen zum Ozean oder der Ozean zum Tropfen?
Die Frage, ob wir innerlich zufrieden sind, können wir in unserer Zeit, in der wir leben, nicht mehr mit einem ja beantworten. Wo wir hinschauen ist Diebstahl, Mord, Lüge, Hass, Hunger, Rauschgift usw. Wie kann uns das in Ruhe lassen, wenn täglich Menschen verhungern? Wenn Menschen ermordet werden? Wie können wir Ruhe in uns haben, wenn Lüge und Hass und Terror unseren Alltag bestimmen?

Um die Menschen zu ändern, muss man mit ihnen reden. Wir müssen gegen all diese Dinge kämpfen, mit all unserer Kraft. Aber wie führen wir diesen Kampf? Was können wir tun? Wie kämpfen wir? Wie kämpfe ich? Ich kämpfe dagegen, indem ich jeden Tag neu meine Stimme erhebe und gegen Lüge, Hass und Gewalt predige…

Glaube in der heutigen Zeit will sich auf **Argumente und Diskussionen** gründen.
So aber ist Glaube unmöglich!
Wir müssen glauben wie die Kinder, sagt Jesus:
„Lasst die Kinder doch zu mir kommen und hindert sie nicht, denn gerade für Menschen wie sie steht die neue Welt Gottes offen!"
Wer sich der Liebe Gottes nicht wie ein Kind öffnet, **wird sie nicht erfahren.**

Das größte Wunder der sichtbaren Schöpfung ist wohl der Mensch und die Menschwerdung.

Die Schrift bezeugt: (1. Mose 1,27)
„Und Gott schuf den Menschen ihm zum Bilde, zum Bilde Gottes schuf er ihn."
Leider wurde wie wir wissen, dieses schöne Bild durch die Sünde verunstaltet, und der liebe Gott vollbrachte ein neues großes Wunder. Er schuf einen neuen Menschen, Jesus, der Sohn Gottes, war der Erstling dieser Neuschöpfung.

Der Herr Jesus hat dieses Wunder dem Nikodemus erklärt mit den Worten: (Joh.3,7) „Lass dich's nicht wundern, dass ich dir gesagt habe: Ihr müsst von neuem geboren werden." Auch an uns ist dieses Wunder vollzogen in der Wiedergeburt. Das sieht man zwar dem äußeren Menschen nicht an. Doch aber tragen alle Geistgetauften das Zeichen des Lammes unsichtbar an ihrer Stirn.

Fremdsprachen

Ich kann mit den Armen reden, ich kann mich den Verlassenen zuwenden, und ich kann mit denen sprechen, mit denen niemand mehr reden will, das sind die fremden Sprachen, die ich beherrsche!

Wer weiß, wer er ist, der weiß was er soll!

Wer Gutes erfahren will, der **muss** Gutes tun!

Wer Glück erleben will, der **muss** von dem ihm gegebenen Glück abgeben!

Wer Frieden haben will, der **muss** selber friedlich sein!

Wer Liebe sucht, der **muss** auch Liebe geben!

Unser Ich ist leicht vergänglich. Immer dann, wenn es nicht tätig ist, nimmt es ab.
Nur was wir selber von innen heraus tun, wird unser Ich wachsen lassen.

Nimm an des Christus Freundlichkeit, trag seinen Frieden in die Zeit!

Gut sein, heißt niemanden verurteilen, schon gar keinen hassen oder verdammen oder unversöhnlich sein, sondern vergeben und lieben, barmherzig sein und demütig.

Ap. Adam:"Der Mensch müsste Seele genannt werden!"

Das Wort Mensch oder Seele sind Begriffe bzw. Titel, die uns verliehen werden. Mit unserer Geburt heißen wir Mensch. Der Titel Seele wird uns viel später verliehen und zwar von unseren Mitmenschen selber. Wenn man von uns sagen wird:
"das ist eine Seele von Mensch", dann sind wir nicht nur ein Mensch, sondern eine lebendige Seele geworden. Wird man dieses nicht von uns sagen, so haben wir den Titel Seele auch nicht verdient, obwohl wir eine solche besitzen.

O Herr
mache mich zum Werkzeug deines Friedens,
dass ich Liebe übe, wo man sich hasst, dass ich
verzeihe, wo man sich beleidigt, dass ich
verbinde, wo Streit ist, dass ich Hoffnung
erwecke, wo Verzweiflung quält, dass ich ein
Licht anzünde, wo die Finsternis regiert, dass ich
Freude bringe, wo der Kummer wohnt.

Ach Herr
lass du mich trachten nicht, dass ich getröstet
werde, sondern dass ich tröste, nicht, dass ich
verstanden werde, sondern dass ich verstehe,
nicht dass ich geliebt werde, sondern dass ich
liebe.
Denn wer da hingibt, der empfängt, wer sich
selbst vergisst, der findet, wer verzeiht, dem wird
verziehn, und wer da stirbt, der erwacht zum
ewigen Leben.

Gott sieht alles!
Gott zählt die vielen Wege, die je dein Fuß
betrat, wo andrer Wohl und Wehe, dir sehr am
Herzen lag!

Gott zählt die vielen Schritte, die du für ihn
getan, er zählet Dank und Bitte, hört alles gnädig
an!

Gott zählt die vielen Tränen, die je dein Herz geweint, nichts brauchst du zu erzählen, er hat`s nur gut gemeint!

Gott zählt die Liebestaten, die du so gern geübt, nicht eine ist vergessen, weil er dich so sehr liebt!

Gott zählt die lieben Worte, die deine Zunge sprach, sie fanden Zweck und Orte, und wirken Segen nach!

Gott zählt die vielen Stunden, die du für ihn geschafft, und du kannst froh bekunden, es war nur seine Kraft!

Gott zählt die vielen Seufzer, er kennt ja deine Last, er kennt dein stilles Warten, wenn du gebetet hast!

Und was dir nicht geblieben, das steht in seinem Buch, fein säuberlich geschrieben, zu einem Wohlgeruch!

Umgang mit Gott
Ist das Geheimnis der Siege, die Quelle aller inneren und äußeren Kraft.

Wenn du vergessen oder vernachlässigt wirst, wenn man dich mit Fleiß in die Ecke stellt, und du beugst dich darunter und dankst dem Herrn in deinem Herzen für die Beleidigungen und Demütigungen – **das ist Sieg!**

Wenn das Gute, das du tust oder beabsichtigst, verlästert wird, wenn deine Wünsche durchkreuzt werden, wenn man deinem Geschmack zuwider handelt, deinen Rat verschmäht, deine Ansichten lächerlich macht, und du nimmst alles still in Liebe und Geduld an – **das ist Sieg!**

Wenn dir jede Nahrung recht ist, wenn du auch mit jeder Kleidung, jedem Klima, jeder Gesellschaft und Lebensstellung, jeder Vereinsamung, in die der Herr dich führt, zufrieden bist – **das ist Sieg!**

Wenn du jede Missstimmung bei anderen, jede Beschwerde, jede Unregelmäßigkeit und Unpünktlichkeit, an der du nicht Schuld bist, zwar nicht gutheißest, aber ertragen kannst, ohne dich zu ärgern – **das ist Sieg!**

Wenn du jede Torheit, Verschrobenheit, auch geistlicher Gefühllosigkeit, jedem Widerspruch von Sündern, jeder Verfolgung begegnen kannst und es alles ertragen kannst, wie Jesus es ertragen hat – **das ist Sieg!**

Wenn es dir nie daran liegt, weder dich selbst noch deine Werke im Gespräch in Erwägung zu bringen oder nach Empfehlung auszuschauen, wenn es dir in Wahrheit recht ist, unbekannt zu bleiben – **das ist Sieg!**

Stunden

Sie kommen und gehen, woher und wohin, davon weißt Du nichts. Du weißt nur, dass sie eine kleine Weile da sind. Und dann rinnen sie zu den anderen der Vergangenheit in das Meer der Ewigkeit.
Nun musst Du aber nicht denken, dass eine Stunde nichts sei! Du kannst sie, wenn Du willst, zu Gold münzen, zu vergänglichem und unvergänglichem Gold.
Du kannst sie, wenn Du willst, mit Güte und Schönheit und Größe, mit Liebe und Glauben

und Treue und seliger Hoffnung erfüllen, auch mit dem Gegenteil von alledem.
Oder Du kannst sie auch taub verklingen lassen, dass gar nichts in ihnen ist als Dumpfheit. Ganz wie Du willst! Aber eines musst Du wissen: Keine von ihnen kommt zurück, die einmal ausgeschlagen hat mit klingendem Glockenklang oder schicksalsschwerem Zittern. **K e i n e !**
Auch die glücklichste nicht, die wie Maienblüte leuchtet, und die leiddunkle nicht, in der Tränen perlen. K e i n e !
Jede aber mahnt Dich: **Hab`auf mich acht!**
Jede will etwas von uns. Die eine Liebe, die andere Glauben, diese Pflicht, jene Opfer, eine andere milde Duldung. Sie wollen so viel von uns. Soviel!
Aber keine ist, die Hass fordert! Jede fordert Liebe!
Und doch kommt der Hass mit seinem rotglühenden Fieber, und die Liebe steht einsam und schweigt.
Die Liebe steht gar oft einsam und schweigt … und weint…

Vor dem Herrschen steht die Verantwortung und danach die Rechenschaftslegung, vor dem Dienen und Helfen hingegen stehen die Liebe und Hingabe und danach folgen der Lohn und der Strom der Dankbarkeit derer, denen geholfen werden konnte.

Unser Leben hat keinen Wert oder Nichts hat soviel Wert, dass es unser Leben aufwiegen könnte!

An einer Straßenampel
Die Ampel ist auf rot geschalten. Ein Kind kommt hinzu und es hat es eilig. Aber bei rot, hat es gelernt, muss man warten.
Es sind viele Leute hinzugekommen. Aber da kommt ein Mann und auch er ist in Eile, wie das Kind. Er setzt sich über das Verbot hinweg und bahnt sich den Weg über die Straße. Dies sieht das Kind und folgt dem Beispiel, aber da ist es auch schon passiert. Das Kind ist zu Schaden gekommen, weil es dem schlechten Beispiel des Mannes folgte.
Was für ein Beispiel sind wir für andere?

Das Haus ist mein und doch nicht mein!
Dem andern wird es auch nicht sein und
den Dritten trägt man auch hinaus.
Nun sag' mir doch, wem ist dies Haus?

In der Welt gilt der Grundsatz, dass der Größte regiert, bestimmt, maßregelt, straft usw. Jeder will, weil ihm irgendwer befiehlt, anderen befehlen, die angestauten Aggressionen werden nach unten weitergegeben.
Das ist so im Arbeitsleben. Das ist so in der Familie. Am Beispiel der Familie sieht das dann so aus, wenn mehrere Kinder da sind und die Kinder bestraft werden müssen, bekommt das älteste Kind die Kopfnuss, weil ja die Kleinen noch nichts wissen.
Nach der Wahrheit wird da nicht erst geforscht. Das älteste Kind weiß aber genau an wen es die Kopfnuss weiterzugeben hat. **Beim Kleinsten ist also alles angekommen.**
So geht es im Berufsleben und auch anderswo. Wer aber als Mensch leben und bestehen will, kann eigentlich nur im miteinander füreinander die Gemeinschaft suchen, in Wirklichkeit braucht jeder jeden. Unterschiede werden durch den gegenseitigen Dienst am andern ausgeglichen. In Wirklichkeit sind alle gleich. Somit erhält Jesu Wort: „Wer der Größte unter euch sein will, der muss euer Diener werden" Sinn und Verwirklichung. **Welch ein Unterschied zur Weltweise!**

Brüderle, nützt die Viertelstündchen!

Ist das nicht letztlich konkrete Botschaft gegen alle Schwärmer, die nie zur Sache kommen, weil sie immer nur auf ihre große Stunde warten.

Wollt Ihr wissen, was mein Preis?
Wollt Ihr lernen, was ich weiß?
Wollt Ihr sehn mein Eigentum?
Wollt Ihr hören, was mein Ruhm?
Jesus, der Gekreuzigte!

Wahr sein, heißt: **„nicht lieblos sein."**

Wer schöngeistige Reden erwartet, **der braucht nicht wiederzukommen**, denn dazu gibt es ausgezeichnete Universitäten und Schulen. Wer aber Gottes Wort hören will, der soll nicht nur wiederkommen, sondern er soll auch viele Nachbarn und Bekannte mitbringen.

Kollegen und seien sie noch so nette Menschen, Bekannte, Freunde, sie alle genügen nicht, wenn man fruchtbaren geistlichen Dienst tun will. Da helfen nur **„Brüder in Christo!**

Gib Dein Leben in die Hand Jesu! **Dann wird es interessant!**

Jesus ist kein armer König.

Seine Gabe ist der Friede Gottes, nach dem unser Herz sich sehnt.

Christentum ist in erster Linie nicht Lehre, sondern Leben.

Das Wort ist der Same der Wiedergeburt.

Was wir nicht in Gottes Hand legen, **das beschlagnahmt der Teufel**. Der eigene Geist macht das Ich groß, der Heilige Geist macht den Heiland groß.

Die größte Leistung, die ein Mensch vollbringt, ist die Verzichtsleistung auf sich selbst.

Die beiden schönsten Dinge sind die Heimat, aus der wir stammen, und die Heimat, nach der wir wandern.

Der Mensch muss sich beugen. Der Mensch muss sich sagen lassen. Der Mensch muss warten lernen.

Dir, Herr, sei Dank, dass du in jungen Tagen aus Gnaden uns zu deinem Volk gebracht, ja Dank, o Herr, will unser junges Herz dir sagen, dass du zu deinen Kindern uns gemacht.

Lasst uns dem Herrn ein frohes Danklied singen,
so froh, wie das junge Herz vermag und unser
Herz ihm ganz zum Opfer bringen, nicht heute
nur, nein, fortan jeden Tag.

Nicht nur der Mund soll dich, o Vater, preisen, es
quillt empor aus tiefbewegter Brust:
Herr, dankbar wollen wir uns dir erweisen, zur
Freude dir und unsrer eig`nen Lust.

Warum
Wenn ich auf eins nur Antwort hätte, die meinem
Herzen wohl genügt, warum an meiner
Leidenskette, beständig Glied an Glied sich fügt?
Kaum hat ein Ringlein sich geschlossen, so wird
ein neues schon gegossen. Ich dacht` im Stillen
nach, ob ich`s verstände, doch das „warum"
ward mir zu schwer. Die Kette band mir Füss`
und Hände und schlang sich um die Schulter mir.
Die Ringlein zählt ich einst mit Bangen, da sah
ein Kleinod ich dran hangen. Ein Ringlein, wie`s
zum Ehrensolde der König seinen Treuen gibt.
Gegraben stand im lichten Golde: **„Er züchtigt
alle, die er liebt!"**
O, Huldgeschenk aus Gotteshand, dann erst ich
das „warum" verstand.

Die Liebe
Liebe ist ein „**Sich-verschenken**", ohne Zweifel und Bedenken, ohne Fragen, ohne Zagen, ohne stets nach Lob zu jagen.

Liebe ist ein „**Opfer-bringen**" und ein Kämpfen und ein Ringen für des anderen Lust und Freud, ohne Eigensucht und Neid.

Liebe ist ein „**schönes Sterben**", um das Höchste zu erwerben.
Liebe stirbt, dass andre leben – das ist Liebe – Liebe geben.

Liebe
Wir wollen heut` von Liebe reden, der höchsten Tugend, die es gibt!
Kein Menschenkind ist wohl auf Erden, das nicht geliebt wird oder liebt.

Da denk ich gleich an meine Mutter, wie hat sie selbstlos manche Nacht,
nach ihres Tagwerks vieler Müh, an meinem Krankenbett durchwacht.

Sie hat mit Liebe mich umgeben, bei Tag und Nacht, zu jeder Frist,

die ganze Welt kann mir nicht geben, was meine
Mutter für mich ist!

Hab morgens kaum ich aufgeblickt, erwacht von
süßer Ruh,
steht sie an meinem Bett und nickt mir „Guten
Morgen" zu.

Sie wäscht und kämmt und kleidet mich und
spielt und lacht mit mir –
Und habe einen Kummer ich, geh damit ich zu
ihr.

Und stets, wenn leis` der Tag versinkt, und in das
Kämmerlein
der Abendstern verstohlen blinkt, singt sie im
Schlaf mich ein.

Doch vorher betet sie mit mir und liest aus
Gottes Buch,
wie Jesus Christus für uns hier am Kreuz die
Sünden trug.

Zuletzt mit einem Kuss von ihr, schlaf ich dann
friedlich ein.
Du guter Gott erhalte mir, mein treues
Mütterlein!

Ich habe den Stein der Weisen gefunden, den wir unser Leben lang suchen. Ich bin nun fast 70 Jahre und erst jetzt habe ich ihn gefunden. **Es ist der Stein, der nicht geworfen wird!**
Dieser Stein wird uns im Gleichnis von Jesus bekannt gemacht, als er auf die Ehebrecherin traf und die Menschen sie steinigen wollten.

Der Gotteswahn von Richard Dawkins
Der Verfasser ist Atheist und erklärt alle gläubigen Menschen für wahnsinnig!
Leidet ein Mensch an einer Wahnvorstellung, so nennt man es Geisteskrankheit. Leiden viele Menschen an einer Wahnvorstellung, dann nennt man es Religion. Seite 18

Er schreibt auf Seite 11 „Man kann als Atheist glücklich, ausgeglichen, moralisch und geistig ausgefüllt sein." **Das kann man als gläubiger Mensch auch!**

Atheisten zu organisieren wurde häufig mit dem Hüten eines Sacks Flöhe verglichen, weil sie in der Regel selbstständig denken und sich keiner Autorität unterordnen. Seite 17
Sich keiner Autorität unterordnen ist ein trauriger Charakterzug und ist für das menschliche Zusammenleben undenkbar!

Wenn dieses Buch die von mir beabsichtigte Wirkung hat, werden Leser, die es als religiöse Leser zur Hand genommen haben, es als Atheisten wieder zuschlagen.
Warnung der Religion: Man sollte ein Buch wie dieses überhaupt nicht aufschlagen, denn es ist mit Sicherheit ein Werk des Teufels. Seite 18

Die Warnung seitens der Religion halte ich für nicht gut, denn es heißt in der Bibel: "Prüfet alles und das Gute behaltet!" Sicher ist aber, dass dieses Buch nichts Gutes enthält, es also schade um die Zeit ist sich mit ihm zu beschäftigen. Ich tue es trotzdem!

Ich versuche nicht, mir einen persönlichen Gott vorzustellen; es reicht aus, wenn man voller Staunen vor dem Aufbau der Welt steht, soweit sie unseren unzureichenden Sinnen gestattet, sie einzuschätzen. Albert Einstein Seite 21
Einstein wird damit als tief religiöser Ungläubiger zitiert.

Der Junge lag auf dem Bauch im Gras, das Kinn auf die Hände gestützt. Plötzlich überwältigte ihn eine eindringliche Wahrnehmung: verworrene Halme und Wurzeln, ein Wald im Kleinformat, eine Wunderwelt der Ameisen und Käfer. Der Miniaturwald der Wiese schien anzuschwellen, eins zu werden mit dem Universum und dem verzückten Geist des Jungen, der darüber nachdachte. Er deutete sein Erlebnis unter religiösen Gesichtspunkten, und das führte ihn schließlich zum Priesterberuf. Seite 21
Zu einem anderen Zeitpunkt und an einem anderen Ort hätte auch ich dieser Junge sein

können. Warum die gleichen Empfindungen ihn in die eine Richtung führten und mich in die andere – diese Frage ist nicht leicht zu beantworten. Seite 22

O doch, sogar sehr leicht ist diese Frage zu beantworten. Der Verfasser des Buches gibt sogar auf Seite 27 die Antwort: „Was ich in der Natur sehe, ist eine großartige Struktur, die wir nur sehr unvollkommen zu erfassen vermögen und die einen denkenden Menschen mit einem Gefühl der Demut erfüllen muss. Dies ist ein echt religiöses Gefühl."

Weil der Verfasser keine Demut besitzt, konnte er auch keine religiösen Gefühle entwickeln im Gegensatz zu dem Jungen, der im Grase lag und wurde deshalb Atheist.
Hätte der Junge Darwin gekannt wäre er vielleicht kein Priester geworden, sondern zu Darwins Standpunkt gekommen, dass alles durch Gesetze hervorgebracht wird, welche fort und fort um uns wirken. Seite 22

Wenn Gesetze wirken, so muss es auch einen Gesetzgeber geben!

Wenn das Wort Gott nicht völlig nutzlos werden soll, sollte man es so gebrauchen, wie die Menschen es im Allgemeinen verstanden haben: als Bezeichnung für einen übernatürlichen

Schöpfer, den anzubeten für uns angemessen ist. Seite 24

Zu den am häufigsten zitierten Bemerkungen von Einstein gehört der Satz: „Wissenschaft ohne Religion ist lahm, Religion ohne Wissenschaft ist blind!" Aber Einstein sagte auch:
„Was Sie über meine religiösen Überzeugungen lesen, ist natürlich eine Lüge, und zwar eine, die systematisch wiederholt wird. Ich glaube nicht an einen persönlichen Gott und habe das auch nie verhehlt, sondern immer klar zum Ausdruck gebracht. Wenn in mir etwas ist, das man als religiös bezeichnen kann, **so ist es die grenzenlose Bewunderung für den Aufbau der Welt, soweit unsere Wissenschaft ihn offenbaren kann.**" Seite 27

Meine Stellungnahme:

Der Gotteswahn von Richard Dawkins

Hier habe ich die merkwürdigste Kritik eines Atheisten gelesen.
Leidet ein Mensch an Wahnvorstellung, so nennt man es Geisteskrankheit. Leiden viele Menschen an einer Wahnvorstellung, dann nennt man es Religion.

Das ist eine starke Aussage von Dawkins, denn er nennt jeden Gottgläubigen **einen Wahnsinnigen!** Demnach ist die Mehrheit der Menschen wahnsinnig!
Wenn dies Buch die von mir beabsichtigte Wirkung hat, werden Leser, die es als religiöse Menschen zur Hand genommen haben, es als Atheisten wieder zuschlagen. Seite 18

Nun ich habe dieses Buch gelesen und bin nach wie vor ein Christ geblieben. Ich habe dazu folgenden Standpunkt:

Es ist ein sehr interessantes Buch und dient durchaus nicht der Auseinandersetzung zwischen Religion und Atheismus. Es hat einen grundlegenden Fehler in seiner Denkweise. Ich stehe voll hinter allen kritischen Argumenten, die die pervertierten religiösen Menschen wiedergeben und ins Licht rücken. Es ist aber grundsätzlich falsch daraus zu schlussfolgern, dass man deswegen jeden Glauben oder jede religiöse Lebensform verdammen muss und für falsch hinstellen muss. Hier wurden nur pervertierte und falsche Handlungsweisen von Gläubigen genannt und daraus der Schluss gezogen, dass folglich die Lehre falsch sein muss. An der Lehre können wir eigentlich nichts

kritisieren. Können wir vielleicht Gott kritisieren?
Die uns von ihm gegebene Lehre ist wahr und für unser Leben nur gut, aber was die Menschen daraus machen, dafür kann doch Gott nichts! Genauso könnte man die Taten von Atheisten hernehmen und wir würden feststellen, dass es auch unter ihnen Mörder, Kindesschänder und andere Gewaltverbrecher gibt.

Was ist also falsch, wenn uns gesagt wurde: **„Du sollst nicht töten?"**
Wenn die Menschen dann trotzdem einen Mord begehen oder sogar Kriege führen, da kann man doch nicht sagen das Gebot ist falsch, eine Lüge, es ist unwahr!
Hat Gott vielleicht gesagt: **„vergeht euch an Kindern oder vergewaltigt die Frauen, wie es euch gefällt?** Wenn die katholischen Priester und viele andere dieses aber nun trotzdem tun, **dann hat das nichts, aber auch gar nichts mit Gott zu tun.**
Die Kritik an diesen pervertierten Menschen halte ich **für richtig!** Es ist aber sehr falsch die uns gegebenen Gebote und guten Lebensregeln, als von einem Gott gegeben, abzulehnen und es als unwahr zu bezeichnen, wenn von Gott geredet wird. Was kann also Gott dafür, wenn

Menschen aus seiner Lehre und seinen guten Ratschlägen so etwas **Falsches** gemacht haben?

Deshalb gibt es die Gebote trotzdem und demzufolge auch den, der sie uns gegeben hat. Gesetze, wie sie uns in der Natur gegeben wurden und die geistigen Gebote, wie wir sie aus der Religion erfahren haben, sind unumstößlich von größter Bedeutung für unser Leben **und deshalb auch wahr und setzen einen Gesetzesgeber voraus.**

Das ist für mich die Konsequenz, die ich am Ende dieses Buches für mich gezogen habe. Ich danke Gott, dass er mir so einen gesunden Menschenverstand gegeben hat und ich in seinen Geboten leben darf. Dafür hat er mir seine Herrlichkeit bei ihm versprochen. **Das glaube ich ganz fest.**

Bibel für Ungläubige

Wer nichts anfängt, wird auch nichts erreichen.

Auch ein Paradies funktioniert nur, wenn man sich an die Regeln hält. Wenn man den Regeln nicht folgen will, **muss man den Verlust des Paradieses akzeptieren.**

Wehe dem, der allein ist! Wenn er fällt, so ist keiner da, der ihm aufhelfe.

Joseph hat am eigenen Leib erfahren, wohin es führt, wenn man sich selbst auf sein eigenes Umfeld, seine Brüder **nicht** verlassen kann.

Wenn man schon etwas tun muss, dann kann man es genauso gut **mit Stil und Würde** tun.

Wenn es uns gelingt, aus verschiedenen Kulturen das Positive herauszunehmen und zu leben, **dann ist die Integration gelungen.**

Die zehn Gebote haben nicht nur in der Folge für das Volk Israel eine zentrale Bedeutung, sondern bis heute auch für unsere Kultur. Dass sich nicht immer jeder daran gehalten hat, spricht im Übrigen auch nicht gegen diese Gebote, **denn**

die Qualität von Gesetzen misst sich nicht allein daran, ob sie eingehalten werden.

Glück resultiert nun einmal nicht aus dem Haben, **sondern aus dem Sein.**

Wenn man schon eine höhere Autorität in Anspruch nimmt, um Menschen zu überzeugen und zu führen, **muss man sich selbst umso mehr an diese Regeln halten.**

Weisheit bedeutet also nicht, es allen Seiten recht zu machen, sondern am Ende eine Entscheidung zugunsten einer der Parteien zu treffen.

Dem Pfad der Tugend zu folgen ist keine besondere Leistung, **sondern das Mindeste, was man im Leben tun kann,** und daher kann man dafür keine Belohnung erwarten.

Das Alte Testament erzählt die Geschichte eines **ganzen Volkes**; das Neue Testament dagegen berichtet von einem **einzigen** Mann. Für uns ist dieser Mann von zentraler Bedeutung, denn seine Botschaft bildet die Grundlage für unser Leben. Mit seiner Botschaft beweist er, dass er Gottes Sohn ist, **denn ein Mensch hätte sich solches nicht ausdenken können. (Meine Meinung)**

Nichts dauert so lang in den Landen als Christ ist erstanden! (J.W.v. Goethe)

Dreieinigkeit Gottes: Man hat jene Dreieinigkeit am Beispiel des Wassers zu verdeutlichen versucht, das ja auch gefroren, flüssig und als Dampf vorkommen kann, ohne damit seine Qualität einzubüßen.

Jesus demonstriert am Beispiel seiner eigenen Person, wie es dereinst allen Menschen ergehen wird: Ihnen ist ein ewiges Leben sicher.

Es ist besser, viele kleine Erfolge zu erzielen, als immer am großen Ziel zu scheitern.

In unserer Konsumgesellschaft will es so scheinen als könne jeder Macht und Wohlstand erreichen, wenn er sich nur genügend anstrengt. Diese Tage sind aber längst vorbei, da man sein wirtschaftliches Schicksal in eigener Verantwortung beeinflussen konnte. Von den Entlassungswellen werden auch diejenigen erfasst, die immer fleißig, diszipliniert und pünktlich gewesen sind, sich weitergebildet und ihr Leben nach dem Wohl des Unternehmens ausgerichtet haben.

Dafür werden sie nun nicht entlohnt; sie bemerken zu spät, dass sie dem falschen Gott gedient haben.

Machen sie sich eine Liste der Menschen, mit denen sie Umgang pflegen. Überlegen sie anschließend, was diese Menschen brauchen könnten: ein freundliches Wort, ein Lächeln, eine helfende Hand. Und dann versuchen sie mal, diese kleinen „Guttaten" anzubringen. **Sie werden merken, dass sich etwas an der Qualität ihres gesamten Lebens verbessert.**

Wer sich entschuldigt, bittet um Vergebung!

Opfer: Es geht also nicht um den absoluten Wert der Spende oder des Opfers, sondern darum, in welchem Verhältnis sie zum Vermögen des Spenders steht. Das sagt Jesus über das Scherflein der Witwe!

Solange man die Weisheit nicht in die Tat umsetzt**, ist alle Weisheit nichts wert.**

Das Weltall

In dem uns bekannten Teil des Alls stellt das Gas die überwiegende Materieform dar. Verdichtet, als glühende Kugeln, bildet es Sterne, die unserer Sonne ähnlich sind. Dünnes Gas füllt den Raum zwischen den Sternen.
Die Sonne ist eine glühende Gaskugel, die Wärme und Licht aussendet. Die Energie der Sonne kennen wir aus jenem Anteil der Sonnenenergie, der aus einer Entfernung von rund 150 Millionen Km zu uns gelangt. Das Sonnenlicht erzeugt auf der Erde eine Helligkeit, die 465 000 mal größer ist als die Helligkeit des Vollmondes. Der Sonnendurchmesser beträgt 1390 000 Km oder 109 fach größer als die Erde. Die Planeten erhalten von dieser großen Strahlungsmenge, die die Sonne aussendet, nur einen winzigen Bruchteil. So fällt auf die Erde nur etwas mehr als der zweimilliardste Teil der von der Sonne abgegebenen Energie. Trotzdem ist dieser Betrag noch sehr groß. Bei einem Preis von 8 Pfennig je KWh erhält unser Planet in der Sekunde Sonnenenergie im Wert von etwa 4 Milliarden Mark.

Die Erde ist ein Begleiter der Sonne im Weltraum. Jahrmilliarden kreist sie um diese

Wärme- und Lichtquelle, die das Leben auf der Erde ermöglicht. Um die Sonne kreisen auch andere Begleiter, die Planeten des Sonnensystems. Mit wachsendem Abstand von der Sonne sind es: Merkur, Venus, Erde, Mars, Jupiter, Saturn, Uranus, Neptun und Pluto.

Am 20.Juli 1969 erfolgte die erste Landung auf dem Mond, durch den Amerikaner Armstrong.
Das für Mondproben von verschiedenen Orten ermittelte Alter der Gesteine weist erhebliche Unterschiede auf. So sind die ältesten Gesteine 4,7 Milliarden, die jüngsten etwa 3 Milliarden Jahre alt. Über den inneren Aufbau des Mondes ist noch sehr wenig bekannt. Die Tatsache, dass der Mond kein Magnetfeld besitzt, weist darauf hin, dass der Mondkern nicht flüssig ist. Ebenso weiß man noch wenig über die Entstehung des Mondes. Die wahrscheinlichste Theorie besagt, der Mond entstand unabhängig von der Erde und wurde später von dieser eingefangen. Die Erde hat noch zwei weitere Begleiter, zwei weitere Monde also, und diese Monde bestehen aus Staub.
Die Planeten rotieren um die Sonne. Interessant ist jedoch, dass die Venus gerade in umgekehrter Richtung rotiert, wie dies kein anderer Planet tut.

Der mittlere Abstand der Erde zur Sonne beträgt 149,60 Millionen Kilometer. Die Umlaufzeit beträgt 1 Jahr. Die mittlere Bahngeschwindigkeit beträgt 29,80 KM/s. Der Äquatordurchmesser beträgt 12756 Km.
Kometen bestehen aus einem Gemisch aus Eis und Staub. Die Lebensdauer eines kurzperiodischen Kometen dürfte zwischen 1000 und 1 Million Jahr liegen. Eine weite Spanne.
Meteoriten sind nichts anderes als fallende Steinchen von der Größe eines Korns und darunter, die aus dem interplanetaren Raum in unsere Atmosphäre eintreten und sich hier in glühenden Dampf verwandeln. Die Geschwindigkeit eines Meteoriten beträgt ca. 30 bis 40 Km in einer Sekunde, was beweist, dass ihre Herkunft nicht irdischen Ursprungs ist. Eine derartige Geschwindigkeit kann nur ein im Weltraum dahinfliegender Körper haben. Meteorkörper dringen mit einer Geschwindigkeit in die Atmosphäre ein, die etwa hundertfach größer ist als die Geschwindigkeit einer Gewehrkugel am Anfang ihrer Flugbahn. Feine Partikeln, die wir als Steinchen bezeichnen, wenn auch viele von ihnen aus Eisen sind, erzeugen Meteore oder Sternschnuppen und fliegen häufig in großen Scharen einher.

Am 12. November 1833 wurde ein Meteorregen nachts auf der ganzen Erde beobachtet. Die Sterne fielen wie Schneeflocken in einem Schneesturm.

Die erste Notiz ist vor 3700 Jahren von chinesischen Geschichtsschreibern gemacht worden. In den Aufzeichnungen des Jahres 1202 heißt es:"Um 5 Uhr des nachts kam der ganze Himmel ins Fließen... die Sterne strömten vom Himmel herab, so als wollten alle Sterne auf die Erde stürzen.

Das Alter der Meteoriten liegt zwischen 2,5 und 4 Milliarden Jahren.

Die gewöhnlichen hellen Meteore haben vor ihrer Zerstörung in der Atmosphäre die Größe einer Zedernnuß, und schwache, nur im Teleskop sichtbare Meteore haben die Größe eines Stecknadelkopfes. Da sieht man, wie wenig diese Körper wirklichen Sternen ähnlich sind. Die feinen kosmischen Stäubchen, die sich auf der Erde absetzen, sind die traurigen Reste von ganz ordentlichen Steinchen, deren größter Teil während des Fluges verdampfte.

In 24 Stunden fallen rund 10 Tonnen Meteoritenmaterial auf die Erde. Wenn seit der Zeit, als die Erdkruste erstarrte, also ungefähr in den letzten 4 Milliarden Jahren, die Meteoriten ebenso häufig niedergegangen sind wie gegenwärtig, dann sind auf jeden Quadratkilometer je 10 Tonnen Meteoritenmaterial aufgefallen, was einer Schicht von weniger als 10 cm Dicke entspricht. Die chemischen Elemente, aus denen Meteoriten bestehen, sind die gleichen wie auf der Erde und Mineralien, die Bestandteil von Meteoriten sind, kommen in ihrer Mehrzahl auch auf der Erde vor.

Zerfall radioaktiver Elemente: Wie viel Uran auch immer vorliegt, in 4,56 Milliarden Jahren zerfällt die Hälfte eines Atoms, d.h. von einem Gramm Uran bleibt nach dieser Zeitspanne nur die Hälfte übrig. Von dieser Hälfte bleibt nach weiteren 4,56 Milliarden Jahren wiederum nur die Hälfte, also 0,25 Gramm. Gleiches geschieht auch mit dem Thorium, nur langsamer, denn hier zerfällt die Hälfte erst nach 13 Milliarden Jahren. Radium, ein Zwischenprodukt des Uranzerfalls, ist im Gegensatz dazu wesentlich energischer. Bereits nach 1600 Jahren bleibt nur die Hälfte der ursprünglichen Menge übrig.

Nach diesem Verfahren wurde das Alter verschiedener irdischer Steine ermittelt, und man fand, dass die ältesten Gesteine der Erdrinde ein Alter von 3 bis 3,5 Milliarden Jahren haben.

Weißt du wie viel Sternlein stehen…

In früheren Zeiten glaubten die Leute, dass die Sterne am Himmel unzählbar seien. Heute sind die Sterne am Himmel, soweit sie mit unbewaffneten Auge sichtbar sind, längst gezählt. Insgesamt sind dies nur etwa 6000 Sterne, von denen man auf einmal am Nachthimmel immer nur ungefähr 3000 Sterne sehen kann. Sterne, die nicht mehr nur mit dem Auge sichtbar sind wurde inzwischen 1 Million Sterne in Katalogen erfasst, während ca. 2 Millionen Sterne zugänglich sind und gezählt wurden. Die Sterne sind ferne Sonnen, doch können ihre Leuchtkräfte erheblich von der unseres Zentralgestirns abweichen.

Das Licht einiger ferner Sternsysteme erreicht uns erst nach einigen hundert Millionen Lichtjahren. Dies bedeutet keineswegs, wie häufig vermutet wird, dass wir Sterne beobachten, die möglicherweise in Wahrheit bereits längst nicht mehr existieren. Es hat keinen Sinn zu sagen, dass wir am Himmel etwas sehen, was in Wirklichkeit nicht mehr vorhanden ist, da sich die überwältigende Mehrzahl der Sterne so langsam ändert, dass sie vor Millionen von Jahren ebenso beschaffen waren wie jetzt, und selbst ihre scheinbaren Örter am Himmel ändern sich extrem langsam, obwohl sich die Sterne schnell durch den Raum bewegen.

Für die Mehrzahl der Sterne lässt sich keinerlei Lageänderung feststellen, weil sie zu weit von uns entfernt sind. In der Geschichte der Menschheit hat kein einziges Sternbild seine Umrisse merklich verändert. Dabei kann in der Welt nichts unbewegliches existieren.

Das Sonnensystem bewegt sich mit einer Geschwindigkeit von 20 Km/s in Richtung auf das Sternbild Herkules zu. Die Geschwindigkeit des Sonnensystems ist von der gleichen Größenordnung wie die Eigengeschwindigkeit der anderen Sterne. Wir brauchen nicht zu befürchten, dass wir bei unserem Flug zum Sternbild Herkules auf einen Stern aufprallen, da die Abstände zwischen den Sternen sehr groß sind.
Ein Riesenstern: Beteigeuze! Das Porträt unserer Sonne hat etwa die Größe eines menschlichen Gesichts. Im Vergleich dazu erreicht das Bild von Beteigeuze eine Höhe von 60 Meter! Der ungeheure Körper der Beteigeuze ist im Durchmesser 300 mal so groß wie die Sonne und übertrifft diese im Volumen um das 27millionenfache. Die Leuchtkraft ist 2600mal gösser als die der Sonne.
Der uns nächste Stern @-Centauri, ist 4,3 Lichtjahre von uns entfernt, und der fernste

Stern, nämlich Rigel, hat eine Entfernung von 880 Lichtjahren.

Die Leuchtkraft unserer Sonne ist kleiner als die aller anderen Sterne, ihre Größe ist geringer, und selbst die Temperatur liegt unter der mittleren Temperatur.

Im zweiten Jahrhundert vor Beginn der Zeitrechnung wurde der erste uns bekannte Sternkatalog von dem Astronom Hipparch zusammengestellt.

Eine Supernova: Leider hat es seit dem Zeitpunkt, seitdem sich die Astronomen dafür zu interessieren begannen, keine einzige Supernova gegeben. Die Supernovae treten äußerst selten auf. Im Mittel erfolgt in einer Galaxis, die aus 100 Milliarden Sonnen besteht, ein derartiger Ausbruch in etwa 50 Jahren.

Der uns nächste offene Sternhaufen, die Hyaden, sind etwa 130 Lichtjahre entfernt. Insgesamt kennen wir etwa 1000 offene Sternhaufen.

Der Kugelsternhaufen im Herkules ist 20000 Lichtjahre von uns entfernt, während sein Durchmesser 100 Lichtjahre beträgt. Die am weitesten entferntesten Kugelsternhaufen haben einen Abstand von 300 000 Lichtjahren. Die Durchmesser der Kugelhaufen liegen zwischen 50 und 500 Lichtjahren, wobei der Mittelwert etwa 100 Lichtjahre ausmacht. Damit sind sie durchschnittlich fast zehnmal größer als die offenen Sternhaufen. Mit einem Alter von 10 bis 15 Milliarden Jahren gehören Kugelsternhaufen zu den ältesten Objekten des Milchstraßensystems.

Infolge der Absorption und Streuung des Lichtes durch den Staub kann man in der Ebene unseres Milchstraßensystems, in der die Staubteilchen konzentriert sind, nicht weiter als etwa 5000 Lichtjahre sehen, so dass es unmöglich ist, auf diese Weise einen zuverlässigen Überblick über den Aufbau unseres Sternsystems zu bekommen, wenn man bedenkt, dass das Zentrum des Milchstraßensystems rund 30 000 Lichtjahre von uns entfernt ist und wir daher nur einen kleinen Teil unseres Sternsystems erfassen.

Der Durchmesser unserer Galaxis beträgt rund 100 000 Lichtjahre und ihre Dicke im Zentrum etwa 15 000 Lichtjahre. Unser Haus ist das Milchstraßensystem.

Andere Häuser sind andere Galaxien.

Das Sonnensystem umläuft das Milchstraßenzentrum, das etwa 30 000 Lichtjahre von uns entfernt ist, mit einer Geschwindigkeit von rund 250 Km/s. Die Bahnform dürfte einer Kreisbahn ähnlich sein, so

dass ein Umlauf der Sonne ungefähr 250 Millionen Jahre dauert.
Die Sterne rotieren mit unterschiedlichen Geschwindigkeiten um das Zentrum der Galaxis.

Der Andromedanebel erscheint deshalb größer und heller als alle übrigen Spiralnebel, weil es sich um einen großen Nebel handelt und er überdies die geringste Entfernung aller Spiralsysteme von unserer Galaxis aufweist. Diese Entfernung beträgt 2 Millionen Lichtjahre. **Das Licht dieses Nebels, das uns heute erreicht, hat den Andromedanebel verlassen, als es auf der Erde noch keine Menschen gab!** Der Durchmesser des Andromedanebels beträgt über
150 000 Lichtjahre. Der Andromedanebel rotiert in den zentralen Gebieten wie ein starrer Körper, also etwas wie ein Wagenrad. Nach außen dagegen nimmt die Rotationsgeschwindigkeit sehr rasch ab. Hieraus folgt, dass der größere Teil der Masse im zentralen Bereich des Sternsystems konzentriert ist. Diese Masse beträgt mehr als
300 Milliarden Sonnenmassen. Die Helligkeit anderer Galaxien übertrifft einige Milliarden der unseres Sonnensystems.

Das Alter unserer Galaxis beträgt 10 000 000 000 Jahre.
Der uns nächste größere Galaxienhaufen ist der im Sternbild Virgo.

Unsere Adresse im grenzenlosen All
Unendliches All
Unsere Metagalaxis
Lokale Galaxiengruppe
Unsere Galaxis (Milchstraßensystem)
Unser Sonnensystem
Planet Erde
Staat
Bezirk
Stadt
Straße
Hausnummer
Stockwerk
Herrn/Frau/Fräulein

Quasare – Radiogalaxien: Die erstaunlichste Entdeckung der letzten Jahre war 1962 die Entdeckung ungewöhnlicher Radioquellen. Es waren eindeutig keine Sterne! Optisch lassen sich aber die Quasare nicht von Sternen unterscheiden. Die Entdeckung der Quasare erfolgte mit atemberaubender Geschwindigkeit. 1973 waren schon über 400 Objekte dieser Art bekannt. Bei dem am weitesten entfernten Quasar liegt die Fluchtgeschwindigkeit bei 270 000 Km/s. Der Abstand hat die Größenordnung von rund 9 Milliarden Lichtjahren. Das Licht braucht also zum Überbrücken dieser Entfernung das doppelte Erdalter.

Unbegrenztheit und unendlich
Die Kombination von Unbegrenztheit bei gleichzeitiger Endlichkeit erklärt man gewöhnlich an dem vergröbernden Beispiel einer Kugel. Für ein zweidimensionales Wesen, das sich nur auf der Kugeloberfläche bewegen kann, hat diese Fläche keine Grenzen. Gleichzeitig ist die Größe der Kugeloberfläche endlich. Die Größe der Kugel kann zunehmen, kleiner werden oder pulsieren, bleibt dabei aber doch endlich. Wir haben erfahren, dass sich die Galaxien voneinander entfernen, und zwar umso rascher, je weiter sie voneinander entfernt sind. Aus der Tatsache der Expansion lässt sich der Schluss ziehen, dass ihr Volumen vor einigen Milliarden Jahren so klein war, dass die Galaxien nicht als Einzelobjekte existieren konnten. Die Materie existierte damals einfach in einer anderen Form. Die Umwandlungsmöglichkeiten der Materie sind unbegrenzt, sie existierte damals nicht in den Formen, in denen wir sie heute in unserer

Umgebung beobachten, und sie wird nicht ewig in diesen Formen existieren.

Sind Zivilisationen anderer Planeten möglich?
Eine Zivilisation, die imstande wäre, interstellare Raumschiffe in unser Sonnensystem zu entsenden, kann nur auf Planeten existieren, die ferne Sterne umkreisen. Aber selbst der uns nächste Stern hat eine Entfernung von 4 Lichtjahren. Aber die Existenz der nächsten technisch entwickelten Zivilisation lässt sich nur in einer Entfernung von einigen hundert Lichtjahren erwarten.
In unserer Galaxis existieren rund 10^{11} = 100 000 000 000 Sterne. Welcher Teil von Sternen Planeten besitzt wissen wir nicht. Es unterliegt aber die Existenz von Planetensystemen außerhalb unseres eigenen Systems keinem Zweifel. Daraus lässt sich **für unsere Galaxis** die Zahl der ihren Bedingungen nach für die Lebensentstehung geeigneten Planeten **auf 100 000 bis 10 000 000 000 schätzen.**
Die Entwicklung vernunftbegabten Lebens auf der Erde währt bis jetzt etwa 3 Millionen Jahre. Der Gedanke an die prinzipielle Möglichkeit eines Kontaktes mit außerirdischen Zivilisationen ist der Menschheit jedoch erst vor einigen Jahrhunderten gekommen. Drei

Millionen Jahre hindurch war es also sinnlos, Signale aus dem Kosmos an die Adresse der Menschheit zu senden. Und selbst wenn wir morgen völlig unerwarteter Weise künstliche Funksignale empfangen würden, könnten wir nichts Vernünftiges darauf antworten. Unsere gegenwärtige Zivilisation mit ihrer Funktechnik und Kosmonautik existiert nur sehr kurze Zeit. Wie lange wird sie noch existieren? Gegenwärtig gibt es Schätzungen von existierenden Zivilisationen in unserer Galaxis von 100 bis 1 000 000 000! Das sind aber nur **thoeretische** Berechnungen und Überlegungen.

Geburt, Leben und Tod der Sterne
Als Geburtsurkunden der irdischen Gesteine dienen die Zerfallsprodukte radioaktiver Elemente, die in diesen Gesteinen enthalten sind. So wurde festgestellt, dass das Alter der ältesten Gesteine der Erdrinde 3,6 und 4,6 Milliarden Jahre beträgt.
In unserem Sternsystem, das etwa 200 Milliarden Sterne zählt, findet ein Zusammenstoß zweier Sterne im Mittel nur einmal in 100 Millionen Jahren statt.
Wovon leben Sterne? Die Theorie der Kernreaktionen hat gezeigt, dass die Energiequelle bei den meisten Sternen, auch in

unserer Sonne, die ständige Entstehung von Heliumkernen aus Wasserstoffkernen ist. Tatsächlich entsteht Helium aus Wasserstoffkernen. Dies ist wirklich die Energiequelle, die die Sterne versorgt.

20.03.2007

Ein Lichtjahr sind 10 Billionen Kilometer.

Physikalisch gesehen, ist die Erde, mit den Sternen und Galaxien verglichen, **ein Sandkörnchen.** Der Mensch, der auf diesem winzigen Sandkörnchen lebt, kann denken und hat mit seinem Denken schon die entferntesten Galaxien erreicht. Der Mensch ist groß, denn seine Taten sind groß. Wenn wir die geistigen Kräfte des Menschen, besonders seine außerordentliche Fähigkeit, die ihn umgebende Natur zu erkennen, bedenken, erkennen wir, wie mächtig er ist.

Er ist doch nur mächtig und groß, weil er Gottes Ebenbild, ein Geschöpf Gottes, ist. Nur Gott allein ist groß und mächtig! (Meine Meinung)

Ein gutes Leben leben

Sucht das Wort der Weisheit, wo immer es gefunden werden kann.

Zwingt euren Kindern nicht euer Verhalten auf, denn sie sind für eine andere Zeit als die eure geschaffen. Platon Seite 19
Weisheit ist die Arznei der Seele. Pythagoras Seite 27
Habt ihr die Dinge also in der Hand, so tut Gutes, seid ihr im Nachteil, **so ertragt es.** Pythagoras Seite 30
Die Weisheit besitzt ihre physische Entsprechung in der Vollkommenheit.
Die Gerechtigkeit der Seele besitzt ihre physische Entsprechung in der Schönheit.
Der Mut der Seele besitzt seine physische Entsprechung in der Stärke.
Die Bescheidenheit der Seele besitzt ihre physische Entsprechung in der Gesundheit. Aristoteles Seite 32
Solange es euch möglich ist, das Licht eines anderen eurem eigenen hinzuzufügen, **tut es.** Platon Seite 49
Was entkräftet einen Menschen und verzehrt Ihn? Zorn und Neid, aber noch schlimmer ist die **Angst.** Pythagoras Seite 50

Warum grämen sich neidische Menschen immer? Weil sie sich nicht nur über jedes Missgeschick grämen, das ihnen zustößt, sondern sich auch gleichermaßen über alles Gute grämen, das anderen Menschen widerfährt. Aristoteles Seite 50

Der Mangel an Bildung ist der Grund allen Übels. Pythagoras Seite 52

Ein böswilliger Mensch ist sich selbst ein Feind, wie kann er dann einem anderen Menschen ein Freund sein? Aristoteles Seite 52

Die Wertlosigkeit eines Menschen erkennt man an zwei Dingen: Er redet viel über das, was ihm nichts nützt, und er verbreitet sich über das, wonach man ihn nicht gefragt hat und was man von ihm auch nicht wissen will. Platon Seite 53

Denn Böses mit Bösem zu vergelten heißt, in diesen Zustand einzutreten. Aristoteles

Ist kein Feuerholz mehr da, so erlischt das Feuer, und ist keiner streitsüchtig, **so endet der Streit. Pythagoras Seite 55**

Wie die Gesichter nicht gleich sind, so sind auch die Herzen nicht gleich. Pythagoras Seite 57

Freundet euch nicht mit einem Menschen an, der schlecht ist, denn euer Charakter wird die Schlechtigkeit von dem seinen übernehmen, **ohne dass ihr es merkt.** Platon Seite 67

Und wenden wir uns von der Welt ab, so werden wir geleitet vom Allerhöchsten Gott. Platon
Glücklich ist jener kluge Mensch, dessen Verstand seine vollkommenste Eigenschaft darstellt, der durch den Gewinn nur zu Dankbarkeit gezwungen wird **und der sich vor dem Unglück nur durch Gebete schützt.** Und wer keine Zufriedenheit besitzt, wird durch materiellen Reichtum nicht reicher.
Denn alles was dem erhabenen Schöpfer näher ist, besitzt mehr Gutes.

Es gibt keinen größeren Reichtum als die Intelligenz und keine größere Armut als die Unwissenheit. Seite 177

Bekenntnis eines Gläubigen:
Seine Methode, denkbar einfach, bestand darin, die zu Überzeugenden fühlen zu lassen, was für Esel sie seien vor dem Leben, vor der Welt, wenn sie blind vor dem Unendlichen dahintappten, und wie viel sie gewinnen würden, wenn sie es ungesäumt anerkennen wollten, die Gelegenheit, sich zu demütigen, benützend, die er ihnen biete, weil er die Nächstenliebe in ihm zur Pflicht mache.
Der Erfolg war ungleich. Ihrem Ruf entsprechend erwiesen sich die „Esel" als störrisch und von allen Tugenden, die ihnen fehlen mochte, war die Demut zweifellos diejenige, deren Abwesenheit sie am wenigstens schmerzte. (Seite 112)

Es ist eine Ordnung im Universum, und an ihrer Spitze, jenseits dieses funkelnden Nebelschleiers, ist die Existenz Gottes, seine Gegenwart, seine Person eine Milde, die alle Gewalt übertrifft, die fähig ist, **den härtesten Stein zu zerbrechen und was härter ist als Stein – das menschliche Herz.**
Alles ist beherrscht von der einen Gegenwart, der zugleich jenseitigen und in unser aller, der unübersehbaren Versammlung Mitte weilenden Gegenwart des Einen, dessen Namen ich nie

mehr werde schreiben können, ohne dass mich die Sorge überfällt, seine Liebe zu verletzen, vor der ich stehe als ein Kind, dem das Glück zuteil geworden ist, Verzeihung zu finden, und das erwacht, um zu erfahren, **dass alles ein Geschenk ist. (Seite 138)**

Ein Atheist, ein Theaterdirektor, der dem Himmel zwei Minuten Zeit gegeben hatte, um ihn mit seinem Blitzstrahl zu treffen, widrigenfalls er sich für berechtigt erachten würde, ihn öffentlich für leer zu erklären. Die Abgeschmacktheit der von diesem Staubkorn dem Unendlichen entgegegeschleuderten Herausforderung spricht für sich. (Seite 140)

Gott kannst du trauen

Unsere Taten sehen oft anders aus, als unsere Worte vermuten lassen. Sie machen unseren Christennamen unglaubwürdig bei den Menschen. **Sie schaden der Sache Gottes.**
Jesus ist der Herr. Das gibt unserem Dienst seine **Weite.**
Jesus ist der Herr. Das gibt unserem Dienst seinen **Sinn.**
Jesus ist der Herr. Das gibt unserem Dienst seine **Herrlichkeit.**

Vom Satan heißt es: „Er weiß, dass er keine Zeit hat!"
Nichts kann ihm lieber sein als die Hetze, die den Menschen um das Eigentliche seines Lebens betrügt. Nichts macht so deutlich, in welchem Maße ihm die ganze Welt schon verfallen ist, wie die Tatsache, **dass sie ihr Tempo von Tag zu Tag steigert.**

Wer Gott lobt, hört auf, sich selbst in den Mittelpunkt zu stellen, der kommt von sich selber los, **der weiß, was Gnade ist.**

Immer steht unsere Zeit in seinen Händen, ob aber seine Ewigkeit in unser Leben kommt, das hängt davon ab, **dass wir die Stunde erfassen, in der er uns begegnet. Das ist unsere Stunde.** Wir haben immer keine Zeit! Wir haben immer so viel zu tun! **Wir sind in Gefahr „unsere Stunde" zu versäumen.**

Er tut es durch satanische Kräfte, durch Beelzebub, den Obersten der Teufel. Was kann der Mensch alles für Einwendungen erfinden, **wenn er Jesus nicht anerkennen will.**

Es ist aber der Glaube eine gewisse Zuversicht des, das man hofft, und ein Nichtzweifeln an dem, das man nicht sieht. Hebräer 11.1
Ich glaube meint: „ich gelobe mich dir an, **ich gehöre zu dir."**
Es ist die Willenserklärung, sich mit seiner ganzen Person einem anderen hinzugeben. Das ist eine Sache des Herzens und nicht des Verstandes. Wenn Gott Glauben fordert, dann verlangt er unser Herz, den ganzen Menschen. Wer fest damit rechnet, **der bekommt von Gott selber irgendwie den Beweis, dass er nicht vergeblich auf Gott gehofft hat.**

Richtig hören ist eine Kunst. Gottes Wort richtig hören, ist eine noch größere, und dem Wort gehorchen, die schwerste. Gott hat Not, uns das rechte Hören beizubringen. Er erlebt, wenn wir zu hören anfangen, gewöhnlich erst einmal unseren Widerspruch: **Ja, aber…**

Das Gegenteil von dem, was Jesus getan hat, versteht der Mensch gut: dem andern den Kopf waschen. Wir stellen uns hoch, so dass wir den anderen unter uns haben, und dann fangen wir von oben herunter an, ihm das alles aufzuzählen, was er sich alles hat zuschulden kommen lassen. Hinterher sind wir dann noch stolz darauf, dass wir ihm einmal gründlich die Wahrheit gesagt haben. Hier geht es nicht um Kopfwaschen, sondern ums Füße waschen. Dazu muss man sich bücken. **Der Herr und Meister tut`s!**

Mein Gott, mein Gott, warum hast du mich verlassen? Psalm 22.2
So schreit David in der Angst seines Herzens. So haben Fromme und sogar Unfromme immer geschrien, **und so schreien sie noch**, wenn Leid und Last jedes Maß überschreiten und das gequälte Herz in dem Übermaß der Leiden keinen Sinn mehr sieht.

Gott sei mir Sünder gnädig Lukas 18.13
Gottesdienst und Gottesdienst ist zweierlei. Einer kann etwas davon haben, der andere nicht. Das liegt nicht am Gottesdienst. Das liegt am Menschen. Die Geschichte Jesu vom Pharisäer und dem Zöllner, die vielleicht wirklich so geschehen ist, macht das ganz deutlich. Im Gottesdienst will Gott den Menschen einen Dienst tun. Viele wissen das gar nicht. . Sie meinen, sie wollten Gott im Gottesdienst dienen, um gewissermaßen von ihm eine gute Zensur zu erhalten. Das dachte der Pharisäer auch. Er erwartete im Grunde nichts von Gott. **Gott**

konnte froh sein, solch einen vorzüglichen Gottesdiener zu haben.

Wahrscheinlich erwarten viele heute auch nichts mehr von Gott im Gottesdienst, **darum gehen sie gar nicht erst hin.** Wenn die Augen, Ohren und alle Sinne und Glieder etwas vom Leben haben, möglichst viel und möglichst Schönes, dann sind sie damit zufrieden. Mehr verlangen sie gar nicht. Da fehlt etwas. Gott fehlt ihnen. Nun sind sie krank am Herzen. **Sie brauchen Gottes Dienst.**

Gott gibt mit seinem Wort Auskunft über den Zustand des Herzens. Wer aber nichts wissen will, weil er ahnt, was dabei herauskommt, geht in keinen Gottesdienst. Er will Gott nicht begegnen. **Der muss sein krankes Herz behalten.**

Jesus richtet nicht! Richten bessert nicht, aber vergeben bessert. Auf das Bessern kommt es an. Wer zum Kreuz kommt, soll Frieden mit Gott haben ohne Rücksicht darauf, was war und was er tat.

Herr, erbarme dich über alle Regierungen und Großen in der Welt, **die dein Reich nicht kommen lassen wollen.**

Im Herzen fängt das Wirken des Heiligen Geistes an!

Wenn ein Mensch anfängt, an Christus zu glauben, **ist an ihm ein Wunder geschehen.**

Keine Ehre ist größer, als ein Freund Christi zu sein.

Wir sind der Welt das Evangelium schuldig. Wir sind darin schuldig geworden, **dass wir es nicht laut, nicht deutlich und nicht unüberhörbar genug verkündigt haben.** Nun leiden die anderen durch unsere Schuld. Es ist fast verbrecherisch: Wir kennen das Heil und sagen es nicht, wir kennen den Heiland und verkünden ihn nicht. Wir beschränken uns gern auf die Kreise, die ihn schon kennen. **Warum?** Mangelndes Zeugnis ist mangelnde Liebe. Gerade die Liebe ist das Kennzeichen des Christenstandes. Solch Zeugnis kommt aus Dankbarkeit zu dem, der uns bezeugt hat und immer von neuem bezeugt, dass er uns liebhat. Wir sollten aus Dank und Liebe auf den hinweisen, der jedem die gleiche Liebe erweisen möchte.

Siehe, ich bin bei euch alle Tage bis an der Welt Ende. Matthäus 28.20
Oft scheint es, als wäre die Zeit vorüber, in der man die Alten ehrte. Gewöhnlich wird ihr Rat

von der Jugend in den Wind geschlagen, und oft haben sie das Gefühl, überflüssig und unnütz zu sein. **Darum gibt es auch viele verbitterte Alte.** Wie hat sich die Anschauung im Laufe der Jahrtausende gewandelt? Einmal war der „Rat der Alten" die höchste Behörde, und kein junger Mensch hielt es für eine Schande, einen Alten um Rat zu fragen. Weisheit war das Zeichen des Alters, und es war das Merkmal einer guten Erziehung, vor einem grauen Haupte aufzustehen. **Das ist alles dahin, ob wir es beklagen oder nicht.**

Gottlosigkeit macht aller Barmherzigkeit ein Ende, denn die Gottlosigkeit hat kein Herz, und **wo gäbe es Barmherzigkeit ohne Herz?**

Wer Gott für vertrauenswürdig hält, wird auf Gottes Angebot eingehen **und kann dann das Wort Hoffnungslosigkeit aus seinem Leben streichen.**

Nun können wir nur noch beten! Nur noch, so als letzten Ausweg, als Notnagel gewissermaßen. Sollte es nicht umgekehrt sein? Sollten wir nicht in allen Dingen, wie Luther empfiehlt, ihn anrufen, beten, loben und danken? **Gleich am Anfang!**

„Ein Kirchgänger bin ich gerade nicht, aber man kann auch zu Hause beten." Leute, die so sprechen, haben dabei ein **schlechtes** Gewissen. **Sie wissen ganz genau**, dass ein richtiger Christenmensch am Sonntag in den Gottesdienst gehört, **aber sie sind nicht da.** Sie möchten mit ihrer Redensart irgendwie zum Ausdruck bringen, dass sie Gottes Wort nicht gerade verachten. Aber so groß ist ihre Liebe zu Gotteswort nun auch wieder nicht, dass es sie in die Kirche zieht. Das ist schlimm für sie. Sie wissen nicht, dass im Gottesdienst nicht sie Gott dienen sollen, sondern dass er ihnen dienen will. **Er will sie beschenken.**
Gott will, dass wir mit dem Blick auf ihn, getrost und fröhlich alle Not anpacken, die uns vor die Füße kommt.

Wie können Kinder sich freuen! Sie leben vom Herzen her. Der Herr hat noch nie nach Kleidern gefragt, **sondern nach dem Herzen!**
Mach deinen Frieden mit deinen Feinden, soviel an dir ist, denn wie könnte der im Reich des Friedens einen Platz haben, der jemandes Feind ist!

Damals in Ostpreußen

Selbst die Zeitrechnung in meiner Familie orientierte sich an der Flucht, es gab ein Leben vor der Flucht und ein Leben nach der Flucht, und das eine hatte mit dem anderen nichts zu tun. Die Geschichte von der Flucht wurde jedes Mal erzählt, wenn zwei Erwachsene zusammenkamen. Sie begann mit „Als der Russe kam" und endete damit, dass geweint wurde. Seite 230

Die Heimat war für mich eine heikle Angelegenheit, etwas, das man besingen und beweinen musste, und ich war froh, dass ich mit so etwas nicht geschlagen war. Ich nahm mir vor, mich in meinem Leben auf gar keinen Fall mit einer Heimat zu belasten. Ich wollte überall leben können und nie Heimweh haben. Seite 235

Bernhard Schlink
Am intensivsten wird Heimat erlebt, wenn man weg ist und sie einem fehlt. Das eigentliche Heimatgefühl ist das Heimweh. Aber auch wenn man nicht weg ist, nährt sich das Heimatgefühl aus Fehlendem, aus dem, was nicht mehr oder noch nicht ist. Denn die Erinnerung und Sehnsüchte machen die Orte zur Heimat.

Elisabeth Schulz-Semrau
Und obwohl sie da ist, nicht verschwunden wie dieses Vineta, fürchte ich sie zu verlieren. Ohne meine Kindheitslandschaft würde ich sein wie jener Mann, der seinen Schatten verkaufte. Seite 235

Johannes Mario Simmel

Und Jimmy ging zum Regenbogen Seite 510

Die Klärung der Frage, ob ein Mensch im Zweifelsfalle zur nordischen, arischen Herrenrasse gehörte oder zu einer minderwertigen Rasse von Sklavenvölkern, Untermenschen, Tiermenschen, die eben noch geeignet waren für schwerste Arbeit oder ausgemerzt werden mussten vom Antlitz der Erde – **wurde bestimmt** nach dem Willen von so fetten Schweinen wie dem Pornographen und Judenhasser Streicher, dem aufgeschwommenen, versoffenen Doktor Ley, dem kleinen Doktor Goebbels mit seinem Klumpfuß, dem morphiumsüchtigen Göring, dem halbirren Heß, immerhin dem Stellvertreter des Führers, von Quadratschädeln mit Specknacken, Psychopaten, Drüsengestörten, pervertierten Kleinbürgern wie Himmler und menschlichen Karikaturen wie Rosenberg und Ribbentrop!

Wären sie nicht so entartet und missgestaltet gewesen, hätten sie wohl nicht mit solch furchtbarem Fanatismus ihren Traum von der herrlichen blonden blauäugigen Superrasse geträumt!

Der Mensch allein ist achtenswert, der für das Gute dankbar ist und das Böse zu ertragen versteht. Seite 591

Johann Wolfgang von Goethe

Goethe erscheint als der Gipfel der deutschen Literatur. Seine Werke sind Zeugnisse einer deutschen Bildung, die mit ihm Weltgeltung erlangte. Von seinen Werken ging und geht eine **erhöhende** Kraft aus.
Den Glauben an Gott als Schöpfer der Welt und den Menschen als sein Ebenbild hat er nie aufgegeben. Der wichtigste Gedanke des Alten Testaments ist der von Gottes Erwählung.
Dass die Natur eine Erscheinung des göttlichen Lebens sei – **diese Idee hat Goethe nie aufgegeben.**
Das Buch des Engländers Willian Cave über „Primitive Chrisianity" hatte ihn erschüttert und zu dem Schluss gebracht, **die jetzige Kirche sei nicht die wahre Braut Christi.**

Der Mensch nimmt nicht nur teil an der Materie, sondern auch am Geist, am Licht.

Sein Anteil an göttlichem Wissen zeigt sich in dem unablässigen Streben nach Wahrheit.
Getrennt von Gott und der Natur der Dinge zu sprechen, ist ebenso schwierig und bedenklich, wie wenn wir über Körper und Seele als etwas Getrenntes denken. **Die Seele erkennen wir nur vermittels des Körpers, Gott nur durch die Natur. Seite 57**
Die Natur ist geisterfüllt. In Pflanze, Mineral, Stern und Engel wirkt der Geist der göttlichen Schöpfung.
Die Natur sei Quelle eines in sich ruhenden kosmischen Glücks.
Wer nicht wie Elieser, mit völliger Resignation in seines Gottes überall einfließende Weisheit, das Schicksal einer ganzen zukünftigen Welt dem Tränken der Kamele überlassen kann, der ist freilich übel dran, dem ist nicht zu helfen. Denn wie wollte dem zu raten sein, der sich von Gott nicht will raten lassen.
Das Wahre, mit dem Göttlichen identisch, lässt sich **niemals** von uns direkt erkennen, wir schauen es nur im **Abglanz**, im Beispiel, Symbol, in einzelnen und verwandten Erscheinungen, wir werden es gewahr als unbegreifliches Leben und können dem Wunsch nicht entsagen, es dennoch zu begreifen.

Wäre nicht das Auge sonnenhaft, die Sonne könnt es nie erblicken. Läg nicht in uns des Gottes eigne Kraft, wie könnt uns Göttliches entzücken?

Glücklich allein ist die Seele, die liebt!

Des Menschen Seele gleicht dem Wasser: Vom Himmel kommt es, zum Himmel steigt es.

Edel sei der Mensch, hilfreich und gut! Denn das allein unterscheidet ihn von allen Wesen, die wir kennen.

Vorsichtig deutet der Dichter hin auf die unbekannten höhern Wesen, die wir ahnen. Damit ist nicht ein religiöser Zweifel angedeutet, wohl aber der Glaube an die Existenz einer mit unsern Mitteln nicht zu erfassenden göttlichen Welt.

Geist ist der höchste Ausdruck des Lebens.

Du versuchst, o Sonne, vergebens, durch die düstren Wolken zu scheinen! Der ganze Gewinn meines Lebens ist, ihren Verlust zu beweinen.

Denken ist interessanter als Wissen. Was man nicht versteht, besitzt man nicht.

Wenn sie wüssten, wo das liegt, was sie suchen, so suchten sie ja nicht.

Um zu begreifen, dass der Himmel überall blau ist, braucht man nicht um die ganze Welt zu reisen.

Joseph von Eichendorff

Jedes Weltkind sollte wenigstens jeden Monat eine Nacht im Freien einsam durchwachen, um einmal seine eitlen Mühen und Künste abzustreifen und sich im Glauben zu stärken und zu erbauen.
Seite 16

Was hilft dir der schönste gemalte oder natürliche Frühling! Aus dir selber muss doch die Sonne das Bild bescheinen, um es zu beleben. Seite 32

Obschon ist hin der Sonnenschein und wir im Finstern müssen sein, so können wir doch singen von Gottes Güt und seiner Macht, weil uns kann hindern keine Nacht, sein Lobe zu vollbringen.
Seite 42

Und das sind die rechten Leser, die mit und über dem Buche dichten. Denn kein Dichter gibt einen fertigen Himmel, er stellt nur die Himmelsleiter auf von der schönen Erde. Wer, zu träge und unlustig, nicht den Mut verspürt, die goldenen, losen Sprossen zu besteigen, dem bleibt der geheimnisvolle Buchstab ewig tot, und er täte besser, zu graben oder zu pflügen, als so mit unnützem Lesen müßig zu gehen. Seite 94

Es gibt noch sanfte und hohe Empfindungen, die wohl schamhaft sind, aber sich nicht zu schämen brauchen, und ein stilles Glück, das sich vor dem lauten Tage verschließt und nur dem Sternenhimmel den heiligen Kelch öffnet wie eine Blume, in der ein Engel wohnt. Seite 538

Rainer Maria Rilke
Niemals geirrt hat allein nur der Tor.
Nicht jauchzen, nicht klagen!

Jauchze nicht, mein Herz, wenn flüchtig dich berührt des Glückes Hauch.
Alles Irdische ist nichtig, und die Freude ist es auch.

Klage nicht, mein Herz, wenn quälend dich ein wildes Weh umfing.
Sieh, vorüber ging das Elend, wie das Glück vorüberging!

Trage beides, denn vorüber geht die Freude, geht das Leid.
Kämpfe mutig dich hinüber in den Schoß der Ewigkeit.

Karl May

Im Lande des Mahdi III Seite 303

Wie viele solche Nächte hatte ich in fremden Ländern, in Präriern und Urwäldern, in Dschungeln und sonstigen Wildnissen durchwacht. Keine dieser Wachen hatte der andern geglichen, stets war die Situation eine andere gewesen. Und doch gab es etwas, was stets vorhanden gewesen war, was allen diesen Nächten die gleiche Klangfarbe, möchte ich sagen, die gleiche Stimmung gegeben und den Grundton gebildet hatte, die dann in meiner Seele erklungen waren, nämlich **das Gefühl der Gottesnähe,** die mit allen Fasern empfundene Gegenwart dessen, welcher die allerhöchste Macht und zugleich die allerhöchste Liebe ist, das seligmachende Durchdrungensein von der Überzeugung, dass eine unendliche und allbarmherzige Weisheit mich an Ort und Stelle geleitet hat und mich auch weiter führen wird. Wie die winzige Puppe eines kleinen Falters, zu dem sie sich entwickeln soll, auf der Fläche einer geöffneten Gigantenfaust, so liegt der Mensch mit Leib und Seele, mit allem seinen Denken und Fühlen, mit all seinem Hoffen und Harren und Zagen, **in der allgewaltigen Hand Gottes,** die ihn nicht zerdrücken, sondern zu irdischen Glücke führen und dann zur Seligkeit des Himmels leiten will. Und – sollte man es für möglich halten –dieses Würmlein wagt es, an dem Dasein dieses Giganten zu zweifeln, dessen Faust es mühelos zermalmen kann. **Dieses Würmlein** will die Erde und den Himmel meistern, will die ewigen Gesetze des Herrn der Welten kritisieren, will seine Tempel zerstören und seine Altäre niederreißen, will sich selbst zum ersten und letzten Endzweck der Schöpfung ernennen und Atome und Moleküle erfinden, um aus ihnen Sonnen- und Sternenbälle zu formen, **die nur dazu entstanden seien, sich wieder in ihr Nichts aufzulösen!**

Wie anders, wie so ganz anders steht es da um ein Herz, welches in dem festen, unerschütterlichen Glauben schlägt, dass es in des Vaters Liebe ruhe und sich von seiner weisen Güte leiten lassen müsse, **auch wenn es seine Absicht nicht erkennt.** Wie unsagbar wohl lebt man, während ringsum die Stürme toben, im warmen, stillen Gottvertrauen, welches sich durch keinen Zweifel stören und durch keine noch so subtile Hyperkritik irre machen lässt. Das ist keine gedankenlose oder denkfaule Hingabe an das Großmutter- und Kindermärchen vom „lieben Gott", der alles sieht, sondern ein

selbstbewusstes und selbstgewolltes und deshalb um so beglückenderes Aufgehen in einem ebenso allgütigen wie unerschütterlichen höhern Willen, **gegen den kein Sträuben hilft.**
Wer da meint, widerstehen zu können, dem wird und muss die Erkenntnis seines Irrtums kommen, wenn nicht noch im letzten, schwersten Augenblicke seines Lebens, so doch ganz sicher im ersten Augenblicke nach der Stunde, die wir so falscherweise die Todesstunde nennen. Die Menschenseele besteht nicht aus Atomen, welche, wenn die Begräbnisglocken nicht mehr klingen, indem von den Leugnern erfundenen großen „Nichts" zerstäubend untergehen, und wird, sobald sie ihr irdisches Haus verlassen hat, dem ewigen Richter Rechenschaft ablegen müssen über jeden Schritt des Weges, den sie von ihrem Erwachen zum Bewusstsein an bis zur Befreiung von ihrer körperlichen Hülle zurücklegte. Das ist eine Gewissheit, die Grausen erregen müsste, wenn es nicht ebenso gewiss wäre, dass zwar die ewige Gerechtigkeit die Untersuchung führen und das Urteil sprechen, aber dann die göttliche Barmherzigkeit das Recht der Begnadigung besitzen und an dem Reuigen ausüben wird.
Wie die sogenannte „Nacht des Todes" doch nur die Pforte zum jenseitigen Leben ist, so waren

die still durchwachten Nächte, von denen ich vorhin sprach, es stets, die meinen Sinn nach oben lenkten. Dann gehen wohl im tiefen Innern helle Sterne auf, oder es erscheinen die Wolken der Betrübnis über die Begehungs- und Unterlassungssünden, welche während des Tages nicht vermieden wurden. Das gibt dann ein, wenn auch noch so schwaches Vorbild des ewigen Gerichtes, denn es sind die göttlichen Gesetze, nach denen der Mensch sein Tun und Lassen zu beurteilen hat, also ganz genau dieselben, nach denen ihm dereinst sein Urteil werden wird. Wie oft habe ich da mein Fühlen, Wollen und Handeln im Vergleich zu Gottes Vorschrift abgewogen und dabei nicht ein einziges, aber auch nicht ein einziges Mal gefunden, dass ich, das heißt der Richter in meinem Innern, mit mir zufrieden sein durfte. Ein Mensch, der im Gefühle seines Christentums den Nacken stolz aufrichtet, der ist kein wahrer Christ, der hat nie über sich zu Gericht gesessen, denn hätte er dies nur ein einziges Mal in der richtigen Weise und ohne Selbstgefälligkeit getan, so würde er recht demütig und bescheiden anstatt stolz geworden sein.

Im Reich des silbernen Löwen I Seite 463
Effendi, glaubst du an Gott? Ja! Antwortete ich.

Ich Nicht! Antwortete er.
Warum nicht, fragte ich ihn nach einer kleinen Weile? Weil ich nicht an einen Gott glauben kann, welcher mir nichts als Ungerechtigkeiten erwiesen hat.
Bist du der Mann dazu, eine solche Anklage gegen den, welcher die Allgerechtigkeit selbst ist, zu erheben?
Wäre er die Allgerechtigkeit, so säße ich nicht hier, sondern daheim im Schlosse meiner Väter!
Vielleicht wäre es richtiger, wenn du sagtest: Hätte ich seine Gerechtigkeit verstanden, oder ihr doch wenigstens vertraut, so wäre mir nicht genommen worden, was ich verloren habe. Das Auge des Menschen reicht nicht weit; es vermag nicht, den Ratschluß des Allwissenden zu durchdringen, welcher vor Ewigkeiten sieht, was nach Ewigkeiten geschehen wird.
Hätte er mein Leben gesehen, so konnte er ihm, als der Allmächtige, einen anderen Verlauf, einen anderen Inhalt geben!
Sind wir Kinder Gottes oder sind wir seine Sklaven? Wenn er jeden Augenblick deines Lebens, jeden einzelnen deiner Gedanken und Entschlüsse zu bestimmen hätte, wer und was wärest du dann? Ein totes willenloses Spielzeug seiner Hand. Aber wahrlich, Gott spielt nicht!
Das Leben ist kein Spiel und der Mensch kein

hölzerner Kegel, den jede Kugel zufällig umwerfen oder ebenso zufällig stehen lassen kann.

Aber was will Gott, wenn es einen gibt, mit uns? Warum fallen wir, ohne zu wissen, warum, ohne schuld zu sein? Warum bleiben tausend andere stehen, ohne es zu verdienen? Warum nimmt er dem Braven alles, alles, selbst das allerletzte, was ihm geblieben ist, und dem Verdienstlosen gibt er fort und immerfort, mehr und immer mehr zu dem, was er schon vorher besessen hat?

Mit dem „Braven" meinst du natürlich dich? Ja. Und unter den Verdienstlosen verstehst du diejenigen, welche deinen Weg, deine Absichten und Hoffnungen durchkreuzten? Ja, sie und auch noch andere.

Welch ein Hochmut! Du setzest dich also zu alleroberst, schaust selbstgerecht und selbstgefällig von dieser stolzen Höhe herab, richtest deine Mitmenschen mit einem einzigen kalten, vernichtenden Worte und duldest den, als dessen Spielzeug du dich soeben noch bekanntest, weder neben und noch viel weniger über dir! Weiß der Mensch, wenn er gefallen ist, wirklich nicht, warum? Bist du an deinem Schicksale wirklich ohne Schuld? Warst du in Wirklichkeit der immerwährend Brave, und haben die, welche du verdienstlos nennst, das,

was ihnen gegeben wurde, wirklich nur der Ungerechtigkeit Gottes zu verdanken? Was verstehst du unter Gerechtigkeit und Ungerechtigkeit? Was dir gefällt und was dir nicht gefällt!
Denke dir, du seist ein Kind und sähest in die Hand deines Vaters eine für dich noch unverdauliche oder gar giftige Frucht! Du bittest ihn, sie dir zu geben. Bekommst du sie, **so hältst du ihn für gerecht**; verweigert er sie dir, **so nennst du ihn ungerecht**. Er aber hat, wie du später einsehen wirst, als liebevoller, weiser Vater gehandelt.
Ich bin kein Kind, sondern so alt geworden, dass ich um die Einsicht, von welcher du redest, endlich einmal bitten möchte!
Grad weil sie dir fehlt, bist du trotz deiner Behauptung noch ein Kind, ein zornig schmollendes, vertrauensloses und undankbares Kind! Wenn du das jetzt in deinem Alter noch bist, so bist du das in deiner Jugend noch viel mehr gewesen. Du warst zu sehr Kind, als das du eingesehen hättest, was zu deinem Wohle diente. Du hast falsch gewählt, vielleicht gar die giftige Frucht aus der sie dir verweigernden Hand des Vaters gerissen, und nun du dir durch ihren Genuß das ganze Leben vergiftet hast, **klagst du über seine Ungerechtigkeit** oder magst

überhaupt nichts von ihm wissen. Es ist freilich nicht schwer, Gott zu leugnen, wenn man ihm nie Gehorsam geleistet, sondern sich nur nach dem eigenen Willen gerichtet hat.

Da kommen unausbleiblich Stunden stiller, heimlicher Selbstanklage; es naht von Zeit zu Zeit der peinigende Gedanke, dass man doch vielleicht unrecht gehandelt und dabei Gottes Gericht, den Wahrspruch des Allgerechten, auf sich herab gerufen habe. Was tut der Kurzsichtige dann, um die anklagende Stimme des Innern, des Gewissens zum Schweigen zu bringen? Er greift zum kürzesten, aber auch trügerichsten Mittel: **er leugnet einfach Gott!** Wenn es keinen Gott gibt, gibt es kein Gesetz und kein Gericht, kein Unrecht und kein Gewissen, keine Anklage und keine Strafe, und wer mit dem Leben unzufrieden sein zu müssen glaubt, der wirft die Schuld nicht auf sich, sondern eben und wieder allein auf Gott, **den er doch soeben erst geleugnet hat.** Du hörst und siehst, dass du nicht um Gott herumkommst, ihn nicht aus deiner Welt schaffen kannst, sondern in menschlich unlogischer aber göttlich logischer Weise sein Dasein über allen Zweifel erhebst, indem du ihn wegen seiner angeblichen Ungerechtigkeit leugnest.

Es trat eine Pause ein, dann sagte er halblaut und nachdenklich:
Wie sagtest du, ich habe die giftige Frucht aus der sie verweigernden Hand des Vaters gerissen! – also mit Gewalt meinen Willen durchgesetzt! Das hat mir noch niemand gesagt! Dann kommen Stunden der Selbstanklage, peinigende Gedanken, das Gewissen! **Man wirft aus Furcht vor sich selbst alle Vorwürfe auf Gott, leugnet ihn aus Angst, beweist aber grad dadurch sein Dasein!**
Und dennoch, ich kann mir keinen Gott denken, der die ewige Liebe und Weisheit ist und doch den Menschen, sein Geschöpf, sein Kind, in das Elend sinken lässt.
Wie nun, wenn das Geschöpf dem Schöpfer nicht gehorcht, weil es sich klüger dünkt als er, den Weg zum Elend wählt?
So dürfte Gott dies nicht zulassen! Er müsste den Menschen zwingen!
Dann hätte dieser Mensch keinen Willen, keine Freiheit, keine Selbstbestimmung, keinen Wert; er brauchte keine Seele, keinen Geist, er wäre ein totes Spielzeug; **ja, noch mehr: er wäre nichts.**
Du siehst, dass du dich im Kreise bewegst, wir sind wieder beim Spielzeug, beim Nichts angekommen.

Wenn man den Glauben an Gott verloren hat, gehört Energie dazu, ihn wieder zu finden und fürs ganze Leben festzuhalten, **einem kindischen Menschen aber bleibt er verloren.**

- Das Herz der Mutter ist der Boden, in dem der Geist des Kindes Wurzel schlägt!
-
- Gott beschützt denjenigen, der ihm gehorsam ist!
-
- Und doch sollte man am Grabe eines guten Menschen nie trauern; der Tod ist ja der Bote Gottes, der uns nur naht, um uns empor zu führen zu jenen lichten Höhen.
-
- Die Erinnerung kann wohl schlafen, aber nicht sterben. Sie erwacht, wenn wir es am allerwenigsten denken.
- Die Erfahrung (das Alter) hat die Pflicht, die Jugend zu belehren.
- Die Gabe des Armen hat hundertfachen Wert!
-
- Der Glaube an die ewige Seligkeit ist bereits der Anfang der Seligkeit!
-

- Wer stets daheim sitzen bleibt, dessen Sinn bleibt gar leicht ein beschränkter, und passiert ihm einmal etwas Ungewöhnliches, so weiß er sich nur schwer zurechtzu- finden.
-
- Gottlos ist es, eine offene und mildtätige Hand von sich zu weisen!
-
- Gott gibt Wolken, Gott gibt Sonnenschein. Der Mensch muss nehmen, was Gott gibt!
-
- Wenn man eine Gefahr genau kennt, so ist sie nur halb so groß!
-
- Man soll den Menschen nicht nach dem beurteilen, was er ist, sondern danach, wie er es geworden ist, dann wird manche Härte sich in Milde umwandeln, aber auch leider ebenso oft die Hochachtung sich in ihr Gegenteil verkehren.
-
- **Wehe dem, der wehe tut!**
-
- Man ist nicht Lehrer, nicht Missionar durch Werte allein, man lehrt auch durch die Tat, ja die Tat wirkt oft mächtiger als das Wort, und zuweilen ist auch das

Schweigen eine Tat, wenn auch nur eine Tat, welche Ärgernis verhindert.

-
- Hat der Mensch einmal ein „Muss" erkannt, so soll er alle Kräfte einsetzen, demselben gerecht zu werden.

Im Reiche des Löwen II

Allah war erst Schöpfer und dann Poet. Als er die Erde geschaffen hatte, schenkte er ihr zur Verherrlichung seiner Schöpfung ein göttliches Gedicht, nämlich das Weib. Seite 404

Ich habe viel gehört und viel gesehen. Ich sah den Hohen fallen und den Niedern emporsteigen, ich sah den Bösen triumphieren und den Guten zuschanden werden, ich hörte den Glücklichen weinen und den Unglücklichen jubeln. Die Gebeine des Mutigen zitterten vor Angst, und der Zaghafte fühlte den Mut des Löwen in seinen Adern. Ich weinte und lachte mit, ich stieg und sank mit – dann kam die Zeit, in der ich denken lernte. Da fand ich, dass ein großer Gott das All regiert und dass ein liebender Vater alle bei der Hand hält, den Reichen und den Armen, den Jubelnden und den Weinenden. Aber viele sind abgefallen von ihm, sie lachen über ihn. **Und**

noch andere nennen sich zwar seine Kinder, aber sie sind dennoch Kinder dessen, der in der Hölle wohnt. Darum geht ein großes Leid, ein gewaltiges Leid hin über die Erde und über die Menschen, die sich nicht von Gott strafen lassen wollen. Und doch kann keine zweite Sündflut kommen, denn Gott würde keinen Noah finden, welcher der Vater eines besseren, eines wohlgefälligeren Geschlechtes werden könnte. Seite 467

Mein einziger Wunsch ist Gott. Wer in ihm und in seiner Liebe lebt, braucht keine anderen Wünsche. Er kennt den rechten Augenblick für alles, was zu unserem Heile dient. Seite 519

Winnetou II Seite 300
Was tun die weißen Männer, wenn einer von ihnen ermordet worden ist? Suchen sie nicht nach dem Mörder? Und wenn er gefunden worden ist, so treten ihre Häuptlinge zusammen und haben einen Rat, um das Urteil zu sprechen und ihn töten zu lassen. Könnt ihr die Apachen tadeln, **wenn sie nichts als nur dasselbe tun?**

Ihr tut ja nicht dasselbe! Kann mein Bruder das beweisen?

Ja. Wir bestrafen den Mörder, indem wir ihn töten. Du willst aber auch diejenigen erschießen lassen, welche gar nicht dabei waren, als eure Dörfer überfallen wurden.

Sie tragen ganz dieselbe Schuld, denn sie sind damit einverstanden gewesen. Auch waren sie dabei, als die gefangenen Apachen am Marterpfahle sterben mussten.

Aber Mörder kannst du sie nicht nennen! Ich weiß nicht. Bei meinen Brüdern gibt es außer dem Morde noch andere Taten, welche mit dem Tode bestraft werden. Die Westmänner schießen jeden Pferdedieb nieder. Wird einem Weißen sein Weib oder seine Tochter geraubt, so tötet er alle, welche zu dieser Tat in Beziehung stehen. Da drin im Tale befinden sich die Besitzer unserer geraubten Frauen, Mädchen und Pferde. Sollen wir ihnen dafür etwa das geben, was die Weißen ein Kreuz oder einen Orden nennen?

Nein, aber ihr könnt ihnen verzeihen und euer Eigentum zurücknehmen.

Pferde nimmt man zurück, aber Frauen nicht. Und verzeihen? Mein Bruder spricht wie ein Christ, welcher stets nur das von uns fordert, dessen gerades Gegenteil er tut! Verzeihen die Christen uns? Haben sie uns überhaupt etwas zu verzeihen? Sie sind zu uns gekommen und haben uns die Erde genommen. Wenn bei euch einer einen Grenzstein weiter setzt, oder ein Tier des Waldes tötet, so steckt man ihn in das finstere Gebäude, welches ihr Zuchthaus nennt. Was aber tut ihr selbst? Wo sind unsere Prärien und Savannen? Wo sind die Herden der Pferde, Büffel und andere Tiere, welche uns gehören? Ihr seid in großen Scharen zu uns gekommen, **und jeder Knabe brachte ein Gewehr mit,** um uns das Fleisch zu rauben, dessen wir zum Leben bedurften. Ein Land nach dem andern entriss man uns, **ohne alles Recht.** Und wenn der rote Mann sein Eigentum verteidigte, **so wurde er ein Mörder genannt, und man erschoss ihn und die Seinigen.** Du willst, ich soll meinen Feinden verzeihen, denen wir nichts zuleide getan haben! Warum verzeiht denn ihr es uns nicht, ihr, die ihr uns alles zuleide tut, ohne dass wir euch Veranlassung dazu gegeben haben? Wenn wir uns wehren, so tun wir unsere Pflicht, dafür aber bestraft ihr uns mit dem Untergange. Was würdet ihr sagen, wenn wir zu euch kämen, um euch unsere Art und Weise aufzuzwingen? Wollten wir es erzwingen, so wie ihr es bei uns erzwungen habt, **so würdet ihr uns bis auf den letzten Mann töten** oder uns gar in eure Irrenhäuser stecken. Warum sollen wir nicht ebenso handeln dürfen? Aber dann heißt es in der Welt, der rote Mann sei ein Wilder, mit dem man weder Gnade noch Barmherzigkeit haben dürfe, er werde nie Bildung annehmen und müsse deshalb verschwinden. Habt ihr durch euer Verhalten bewiesen, dass ihr Bildung besitzt? Ihr zwingt uns, eure Religion anzunehmen. **Zeigt sie uns doch!** Die roten Männer verehren den großen Geist in einer und derselben Weise. Jeder von euch aber will in anderer Weise selig werden. Ich kenne einen Glauben der Christen, welcher gut war. Diesen lehrten die frommen Paters, welche in unser Land kamen, ohne uns töten und verdrängen zu wollen. Sie bauten Missionen bei uns und unterrichteten unsere Eltern und Kinder. Sie wandelten in Freundlichkeit umher und lehrten uns alles, was gut und nützlich für uns war. Das ist nun viel anders geworden. **Die frommen Männer haben mit uns weichen müssen, und wir mussten sie sterben sehen, ohne Ersatz für sie zu erhalten. Dafür kommen jetzt Andersgläubige von hundert Sorten. Sie schmettern uns die Ohren voller Worte, die wir nicht verstehen. Sie nennen sich gegenseitig Lügner** und behaupten doch, dass wir ohne sie nicht in die ewigen Jagdgründe gelangen können. Und wenn wir, von ihrem Gezänk ermüdet, uns von ihnen wenden, so schreien sie Ach und Weh über uns und sagen, sie wollen den Staub von ihren Füßen schütteln und ihre Hände in Unschuld waschen. Dann währt es nicht lange, so rufen sie die Bleichgesichter herbei, welche sich bei uns eindrängen und unsern Pferden die Weide nehmen. Sagen wir dann, dass dies nicht geschehen dürfe, so kommt ein Befehl, dass wir abermals weiter zu ziehen haben. Das ist meine Antwort, welche ich dir zu geben habe. SIE WIRD DIR NICHT GEFALLEN; ABER DU AN MEINER Stelle würdest noch ganz anders sprechen. HOWGH1

Seite 323
Es gibt eine göttliche Gerechtigkeit, gegen welche die weltliche das reine Kinderspiel ist. Das ewige Gericht sitzt im Gewissen und donnert einem bei Tag und Nacht den Urteilsspruch zu!

Winnetou III
Seite 368
Es will das Licht des Tages scheiden,
nun bricht die stille Nacht herein.
Ach, könnte doch des Herzens Leiden
So wie der Tag vergangen sein!
Ich leg mein Flehen dir zu Füßen,

O trags empor zu Gottes Thron,
Und laß, Madonna, laß dich grüssen
Mit des Gebetes frommen Ton: Ave, ave, Maria!
Seite 413
Das wahre Glück gründet sich nur auf die Schätze, welche man im Herzen sammelt.
Seite 418
Es will das Licht des Glaubens scheiden,
nun bricht des Zweifels Nacht herein.
Das Gottvertraun der Jugendzeiten,
es soll uns abgestohlen sein.
Erhalt, Madonna, mir im Alter
Des Glaubens frohe Zuversicht.
Schütze meine Harfe, meinen Psalter,
Du bist mein Heil, du bist mein Licht!
Ave, ave, Maria!

Es will das Licht des Lebens scheiden,
Nun bricht des Todes Nacht herein.
Die Seele will die Schwingen breiten,
es muss, es muss gestorben sein.
Madonna, ach, in deine Hände,
leg ich mein letztes, heißes Flehn:
Erbitte mir ein gläubig Ende
Und dann ein selig Auferstehn.
Ave, ave Maria!
Seite 471

Der Mensch muss bis zum letzten Augenblicke hoffen, aber freilich auch all das Seinige dazu beitragen, dass diese Hoffnung in Erfüllung gehe. Wer das nicht tut, der ist allerdings verloren.

Weihnacht Band 17 Seite 1
Weihnacht!
Welch ein liebes, liebes, inhaltsreiches Wort! Ich behaupte, dass es im Sprachschatz aller Völker und aller Zeiten ein zweites Wort von der ebenso tiefen wie beseligenden Bedeutung dieses einen **weder je gegeben hat noch heute gibt.**
Dem gläubigen Christen ist es der Inbegriff der heißersehnten Erfüllung langen Hoffens auf die Erlösung aller Kreatur, und auch für den Zweifler bedeutet es eine alljährlich wiederkehrende Zeit allgemeiner Festlichkeit, der Familienfreude und der strahlenden Kinderaugen. Jenem Leuchten in der tiefsten Tiefe seines Herzens Wahrspruch „Jesus Christus gestern und heut und derselbe in alle Ewigkeit" und dieser stimmt wohl unwillkürlich auch mit ein oder lässt wenigstens seine Kinder einstimmen in den Frohgesang

„ Welt ging verloren, Christus ward geboren; Freue dich, o Christenheit!"

Unter Palmen ging der längst erwartete Zweig Isais, des Bethlehemiten, auf, und über Bethlehem strahlt der Stern, welcher die Weisen aus dem Morgenlande zu der Weihnachtskrippe leitete. „Ehre sei Gott in der Höhe!" sangen die himmlischen Heerscharen über diese Stadt, von welcher ein Strahl des Lichtes ausgegangen ist, der alle Welt erleuchten und beglücken soll. „Friede auf Erden!" erklang es nach dem himmlischen Gloria, und der Friede, dessen Sinnbild noch heut die Palmen sind, hat sich von dorther ausgebreitet über alle Länder und in alle Herzen, welche seinem Einzuge offen standen. Und wo im Norden keine Palmen wehen, da haben sich ihre Wedel in Tannenzweige verwandelt, welche Sterne und Lichter tragen in der schönen seligen Zeit, welcher die Worte des Propheten gelten: „Mache dich auf, und werde Licht, denn dein Licht kommt, und die Herrlichkeit des Herrn geht über dir auf!" Da glänzt der Weihnachtsbaum im Palaste und in der Hütte; da schallen Glockenklänge, um die Geburt des Erlösers zu verkünden, durch die stille Nacht, und von allen Kanzeln und Altären, von Mund zu Mund erklingt der Engelsruf: **"Siehe, ich verkündige euch große Freude, die allen Nationen widerfahren wird, denn Euch**

ist heute der Heiland geboren, welcher ist Christus, der Herr in der Davidsstadt!"

Seite 48
Wenn die Berge hoch zum Himmel steigen, bedecken sie ihre Häupter mit Schnee, und wenn der Schnee des Alters den Menschen krönt**, ist er dem Himmel nahe**; Himmelsnähe aber erweckt Ehrfurcht in jeder fühlenden Menschenbrust.
Seite 258
Die Wege des Herrn sind wunderbar, aber **herrlich ist ihr Ende!**
Seite 304
Der Mensch ist eine gehende Pflanze, deren Wurzeln doch nirgends anders als in der Jugendzeit ruhen. Aus ihr holt er sich noch im spätesten Alter, vielleicht ohne es zuzugeben oder es auch nur zu wissen, eine Menge geistiger Nahrungsstoffe, ohne sein Gemüt verdorren müsste!
Seite 513
Die christliche Lebensregel **gebietet** dem Hochstehenden, Liebe zu säen, um dafür doppelte Liebe zu ernten.

Krieg und Frieden – Lew Tolstoi

Nichts steht fest, nichts ist folgerecht zu Ende gedacht worden. Nichts können wir wissen, außer dem einen, dass wir eben nichts wissen. **Und das ist nun der Gipfel aller menschlichen Weisheit!**

„Wenn er nicht wäre", sagte er dann leise, so könnte ich mit ihnen auch nicht von ihm sprechen, mein Herr. Wovon, von wem sprachen wir? Weißt du denn überhaupt, wen du hast leugnen wollen? Aus seiner Stimme sprachen plötzlich ein feierlicher Ernst und eine gewaltige Kraft. **Wer hätte ihn ersinnen können, wenn er nicht wäre?** Wie bist du überhaupt auf den Gedanken gekommen, es könnte ein so unfassliches Wesen geben? Wie bist du und mit dir die ganze Welt überhaupt auf den Gedanken gekommen, es könnte solch ein unbegreifliches Wesen geben, ein allmächtiges, ewiges und in allen seinen Eigenschaften unendliches Wesen? Er hielt inne und schwieg eine geraume Weile. Pierre konnte und wollte dieses Schweigen nicht unterbrechen.
Er ist. Aber es ist schwer, ihn zu begreifen, begann er wieder, sah aber nicht mehr Pierre an, sondern blickte vor sich hin, und seine

Greisenhände, die seine innere Erregung nicht ruhig bleiben ließ, begannen in dem Buche zu blättern. Wenn es sich um einen Menschen handelte, dessen Dasein du bezweifeltest, so würde ich diesen Menschen zu dir führen, ihn bei der Hand nehmen und dir zeigen. Aber wie soll ich armer Sterblicher all seine Allmacht, Ewigkeit und Gnadenfülle einem Menschen zeigen, der blind ist oder der doch die Augen schließt, um ihn nicht zu sehen und zu erkennen und damit auch all seine Verworfenheit und Sündhaftigkeit nicht zu sehen und zu erkennen? Wieder schwieg er eine Weile. Dann fuhr er mit einem finsteren und geringschätzigen Lächeln fort: Wer bist du? Was bist du? Du wiegst dich in dem Gedanken, ein Weiser zu sein, weil du es fertiggebracht hast, solche Lästerungen auszusprechen, aber du bist dümmer und einfältiger als ein kleines Kind, das mit den Teilen einer kunstvoll hergestellten Uhr spielt und sich erdreistet zu sagen, da es den Sinn und den Zweck dieser Uhr nicht verstehe, glaube es auch nicht an den Meister, der die Uhr gemacht hat. Freilich, es ist nicht leicht, ihn zu erkennen. Jahrtausendelang, von Urvater Adam bis auf den heutigen Tag, arbeiten wir daran, ihn zu erkennen, und sind doch immer noch unendlich weit davon entfernt, unser Ziel zu erreichen.

Aber wenn wir ihn noch nicht erkannt haben, so sehen wir darin nur ein Zeichen unserer Schwäche und seiner Majestät.
Man begreift ihn nicht verstandesmäßig, sondern nur durch das Leben!
Ich verstehe nicht, ich verstehe nicht, wieso der menschliche Verstand nicht zu der Erkenntnis gelangen kann, von der sie sprechen.
Man kann die höchste Weisheit und Wahrheit mit einer Flüssigkeit von höchster Lauterkeit vergleichen, die wir in uns aufnehmen möchten, sagte er. Kann ich – selber ein unreines Gefäß – die Reinheit dieser Flüssigkeit, die ich aufnehme, beurteilen? Nur durch innere Läuterung meiner selbst kann ich die Reinheit der aufgenommenen Flüssigkeit bis zu einem gewissen Grade erzielen.
Ja, ja, so ist es, bestätigte Pierre freudig. Die höchste Weisheit gründet sich nicht auf den Verstand allein, nicht auf die weltlichen Wissenschaften, die Physik, Geschichte, Chemie und so weiter, in die sich das verstandesmäßige Wissen gliedert. Die höchste Weisheit ist nur eine, sie ist unteilbar. Die höchste Weisheit kennt nur ein Wissen, das Wissen vom All, dasjenige Wissen, welches das ganze Weltgebäude erklärt und den Platz, den der Mensch in ihm einnimmt. Aber wer dieses Wissen in sich aufnehmen will,

der muss zuvor seinen inneren Menschen läutern und erneuern, und darum muss man erst glauben und nach innerer Vollkommenheit streben, bevor man versuchen darf, einen Zugang zu diesem Wissen zu finden. Und damit wir diese Ziele erreichen, ist uns ein göttliches Licht in die Seele gelegt worden, nämlich das Gewissen.
Betrachte deinen inneren Menschen, mit den Augen des Geistes und frage dich selbst, ob du mit dir zufrieden bist. Du hast dich nur von deinem Verstande leiten lassen, aber was hast du damit erreicht? Was haben sie aus all diesen ihnen verliehenen Gaben gemacht? Sind sie mit sich und ihrem Leben zufrieden? Nein!
Und ein Mensch wie sie sagt natürlich, er kenne Gott nicht. **Das ist gar nicht verwunderlich!**
Seite 463

Band II
Das Selbstbewusstsein der Franzosen beruht auf dem Glauben, dass er geistig wie körperlich unwiderstehlich bezaubernd auf Männer und Frauen wirkt.
Das Selbstbewusstsein des Engländers beruht auf der Überzeugung, Bürger des besteingericheteten Staates der Welt zu sein und daher, eben als Engländer, immer zu wissen, was er zu tun habe, und desgleichen immer zu wissen, dass

dasjenige, was er, eben als Engländer, tut, ohne Zweifel gut und richtig ist.

Das Selbstbewusstsein des Italieners gründet sich darauf, dass er von Haus aus aufgeregt ist und leicht sich selbst und andere vergisst.

Das Selbstbewusstsein der Russen hat seine Wurzeln darin, dass er nichts weiß und nichts wissen will, weil er nicht glaubt, dass man überhaupt etwas wissen könne.

Das Selbstbewusstsein des Deutschen aber ist schlimmer, hartnäckiger und unangenehmer als das der anderen Völker, eben weil er sich einbildet, er kenne die Wahrheit, das heißt die Wissenschaft, die er sich selbst ausgedacht hat, die er aber für die absolute Wahrheit hält.

Seite 54

Der Militärstand ist geehrter als andere. Und was ist eigentlich der Krieg, was braucht man, um im Kriege Erfolg zu haben, was sind die wesentlichsten Charakterzüge des Militärs? Zweck des Krieges ist der Mord, Werkzeuge des Krieges sind Spionage, Verrat und Anstiftung zum Verrat, Verelendung, Ausplünderung und Beraubung der Einwohner zur Verpflegung der Armee, Betrug und Lüge, die man als Kriegslist bezeichnet. Die wesentlichsten Charakterzüge des Militärstandes sind Unfreiheit des einzelnen

– man nennt das Disziplin – Müßiggang, Rohheit, Grausamkeit, Trunksucht und Ausschweifung.- Und dessen ungeachtet ist das der höchste, von allen geschätzte Stand. Alle Monarchen, ausgenommen der Kaiser von China, tragen Militäruniform **und belohnen keinen fürstlicher als den, der die meisten Menschen umgebracht hat.**
So kommt man zusammen, wie auch morgen wieder, um einander umzubringen, man tötet oder verstümmelt Zehntausende von Menschen **und hält dann Dankgottesdienst ab,** weil es einem gelungen ist, so viele Menschen, deren Zahl man nachher noch übertreibt, umzubringen, und man posaunt seinen Sieg aus und meint dabei, das eigene Verdienst sei umso größer, je mehr Menschen man getötet hat. Seite 240

Mit der Annahme, das menschliche Leben könne nach den Grundsätzen des Verstandes geleitet werden, verneint man die Möglichkeit des Lebens selbst. Seite 702 -709

Nicht das Schöne wird einem lieb, sondern das Geliebte wird schön. Seite 731

Der, der am wenigsten an dem Ereignis beteiligt ist und doch mehr als alle anderen die gesamte

Tätigkeit durch Befehle leitet, hat Macht die Ereignisse zu lenken.
Und eben dieses Verhältnis der Befehlenden zu denjenigen, denen sie Befehle erteilen, stellt das Wesen des Begriffes dar, der Macht genannt wird. Seite 792

Anna Karenina Seite 655

Ich habe an allem gezweifelt und zweifle immer noch. Meine größte Sünde ist der Zweifel. Ich zweifle an allem und bin fast immer im Zweifel sagte er zu dem Geistlichen
.

Der Zweifel ist der Schwachheit der Menschen eigen, aber wir müssen beten, damit der barmherzige Gott uns fest mache. Woran zweifeln sie denn hauptsächlich?

Ich zweifle an allem. Manchmal zweifle ich sogar an der Existenz Gottes.

Diese Worte schienen keinen Eindruck auf den Geistlichen zu machen.

Wie kann man an der Existenz Gottes zweifeln? antwortete er sofort mit kaum merklichen Lächeln. Wie können sie denn an dem Schöpfer zweifeln, **wenn sie seine Schöpfung anschauen,** fuhr der Priester rasch und gewohnheitsmäßig fort. Wer hat das Himmelsgewölbe mit Sternen geschmückt? Wer hat die Erde in ihre Schönheit gekleidet? Wie ist das denkbar ohne einen Schöpfer?

Ich weiß es nicht!

Sie wissen es nicht? Wie können sie dann zweifeln, dass Gott alles geschaffen hat? Sagte der Geistliche mit heiterer Verwunderung.

Ich verstehe nichts davon! Er fühlte, dass seine Antworten dumm waren!

Beten sie zu Gott und bitten sie ihn. Sogar die heiligen Väter wurden von Zweifel heimgesucht und baten Gott, ihren Glauben zu stärken. Der Teufel hat eine große Macht und wir dürfen uns ihm nicht unterwerfen. Beten sie zu Gott, bitten sie ihn. Beten sie zu Gott, wiederholte er eilig. Der Geistliche schwieg einen Augenblick, wie in Nachdenken versunken.
Sie beabsichtigen, eine Ehe zu schließen, und Gott wird sie vielleicht mit Nachkommenschaft segnen. Was für eine Erziehung werden sie ihren Kindern geben können wenn sie nicht in sich selbst die Versuchung des Teufels besiegen, der sie zum Unglauben verleitet? Fragte er mit sanften Vorwurf.
Wenn sie ihr Kind lieben, werden sie als guter Vater ihm nicht nur Reichtum, Wohlleben und Ehren wünschen, sondern sie werden auch sein wahres Heil wünschen, seine geistige Erleuchtung durch das Licht der Wahrheit. Nicht wahr? Was werden sie antworten, wenn das

unschuldige Kind sie fragt:, Vater, wer hat alles das erschaffen, was mich in dieser Welt ergötzt: die Erde, die Gewässer, die Sonne, die Blumen, die Gräser? **Wollen sie ihm wirklich antworten: Ich weiß es nicht?** Es ist ja nicht möglich, dass sie es nicht wissen, da Gott der Herr es ihnen in seiner großen Gnade offenbart hat. Oder ihr Kind wird sie fragen: Was erwartet mich im Jenseits? Was werden sie ihm sagen, wenn sie nichts darüber wissen? Welche Antwort werden sie ihm geben? **Wollen sie ihr Kind der List der Welt und des Teufels überlassen?** Das ist unrecht! Sagte er, hielt inne, neigte den Kopf und sah sein Gegenüber mit seinen gütigen, sanften Augen an.

Der so sanft Gescholtene gab keine Antwort, nicht, weil er sich mit dem Geistlichen nicht streiten wollte, sondern weil ihm noch niemand solche Fragen gestellt hatte.

 Er meinte, wenn seine Kinder ihn einmal nach diesen Dingen fragen würden, **dann wäre es noch immer Zeit zu überlegen,** was er ihnen antworten solle.

Seite 1176

Ich habe eine Antwort auf meine Frage gesucht. Aber eine Antwort auf meine Frage konnte mir das Denken nicht geben! Das Leben selbst hat mir die Antwort gegeben durch mein Wissen, was gut und was schlecht ist. Aber dieses Wissen habe ich durch nichts erworben, es ist mir wie allen anderen Menschen gegeben worden, gegeben, weil ich es nirgends woher nehmen konnte.

Woher habe ich dieses Wissen? Bin ich etwa durch den Verstand darauf gekommen, dass man seinen Nächsten lieben muss und ihn nicht erwürgen darf? Nein, man hat mir das in meiner Kindheit gesagt, und ich habe es mit Freude geglaubt, weil man mir etwas sagte, was schon in meiner Seele vorhanden war. Und wer hat das entdeckt? Nicht der Verstand. Der Verstand hat den Kampf ums Dasein entdeckt und das Gesetz, das verlangt, dass ich alle erwürgen soll, die mich an der Befriedigung meiner Wünsche hindern. Das ist eine Schlussfolgerung des Verstandes. Aber dass man den andern lieben soll, das konnte der Verstand nicht entdecken, denn das ist gegen den Verstand!

Seite 1203

Ja, die einzige klare, unanfechtbare Manifestation der Gottheit sind die Gesetze des Guten, die der Welt durch die Offenbarung gegeben sind und die ich in mir fühle und durch deren Anerkennung ich mich mit den anderen Menschen nicht selbst verbinde, sondern ob ich will oder nicht, verbunden bin in einer Gemeinschaft von Gläubigen, die man Kirche nennt. Nun, und die Juden, die Mohammedaner, die Konfuzianer, die Buddhisten, was sind die denn? Sind diese von Hunderte Millionen Menschen wirklich jenes höchsten Gutes beraubt, ohne dass unser Leben keinen Sinn hat? Was frage ich denn da? Ich frage nach dem Verhältnis der verschiedenen Religionen der Menschheit zur Gottheit. Ich frage nach der allgemeinen Offenbarung Gottes für die ganze Welt mit all diesen Nebelflecken. Was tue ich denn da? Mir persönlich, meinem Herzen, ist unzweifelhaft ein Wissen offenbart worden, das die Vernunft nicht erfassen kann, und ich will dieses Wissen durch die Vernunft und in Worten ausdrücken!
Alle meine Schlussfolgerungen wären unzuverlässig und müßig, wenn sie sich nicht auf den Begriff des Guten gründeten, der für alle immer der gleiche war und sein wird

und der mir durch das Christentum offenbart ist und immer in meiner Seele nachgeprüft werden kann.
Aber die Frage nach den anderen Religionen und ihrem Verhältnis zur Gottheit zu entscheiden, dazu habe ich kein Recht und keine Möglichkeit. **Ich werde ebenso wenig mit dem Verstand begreifen können, warum ich bete, und werde trotzdem beten!**

Lass los, damit du leben kannst

Wie jede Blüte welkt und ihre Jugend dem Alter weicht, blüht jede Lebensstufe, blüht jede Weisheit auch und jede Tugend zu ihrer Zeit und darf nicht ewig dauern.
Es muss das Herz bei jedem Lebensrufe bereit zum Abschied sein und Neubeginne!

Hermann Hesse

Ich habe mich davon losgesagt, Welt und Menschen nach meinen Maßstäben verändern zu wollen und bin entschlossen, meinen Weg im Naheliegenden zu finden, mich dem zu öffnen, was sich mir schenkt in jedem Augenblick. **Oft bewirkt der, der ganz bei sich selbst und ganz bei der Sache ist, durch seine Zurückhaltung und sein bloßes Dasein, dass sich in anderen**

eine innere Wandlung vollzieht und so seine Umgebung sich verändert. Seite 12

Lebensgewinn erwächst aus der Stille!

Nichts ist belastender als sich Probleme zu machen und sich in sie hineinzusteigern. Sie bereiten Kopfzerbrechen und nichts weiter. Man braucht keinen Kopf, um das Naheliegende zu erkennen, aber das Herz sagt einem, was zu tun ist. Seite 18
Wir verdanken unser Leben und alles was aus ihm hervorgeht, **einer alles durchwaltenden Kraft.** Aus uns selbst sind wir nichts, unser Denken, unser Fühlen, unser Wollen und die Kraft es zu verwirklichen kommt uns zu aus dem Geheimnisgrund unseres Daseins. Wir sind uns in der Regel dessen nicht bewusst.
So wurde ich dafür empfänglich, auf eine Kraft zu vertrauen, die nicht die meine ist und mir von anderswoher zuteil wird. Aber gerade dieses nicht von uns Bewirkte ist der tiefe Grund aus dem wir leben. Seite 25
In dem Maße, als mein kleines Ich seine Grenzen erfährt, geht mir die Kraft auf, aus der ich lebe. Das ist eine befreiende Erfahrung. Sie befreit mich von der Angst um mich selbst und aller Selbstüberforderung. Stattdessen wächst die

Gewissheit, dass im Zustand des Loslassens aller Dinge und meines Ichs, das sich an sie klammert, mein Kraftpotential zur Entfaltung gelangt: statt Selbstbehauptung Selbstfindung in einem Größeren als man selbst. In diesem Geiste habe ich weder irgendwelche Verluste noch den Abschied von dieser Welt zu fürchten. **Woraus ich lebe, ist anderer Natur als das, was man festhält und besitzt.** Seite 27

Mit ganzem Herzen kann man nur lieben, wenn man selbst ganz ist!

Wenn ich davon ausgehe, dass meine Lebenserfüllung von der Erfüllung meiner Wünsche abhängt, erscheint mein Scheitern fast unausweichlich. Seite 51
Am Leben festhalten zu wollen bedeutet Angst heraufbeschwören, die kein Ende will und es daher nur fürchten kann. Das Ansinnen der heutigen Menschen, alles, was mit dem Tod zu tun hat, aus ihrem Leben herauszuhalten, ist lebensfern und letztlich lebensfeindlich. Genauso wie Leben im Tod erstirbt, **geht es auch aus dem Sterben neu hervor.**
Und so lang du das nicht hast, dieses: Stirb und Werde! Bist du nur ein trüber Gast auf der dunklen Erde. Seite 54

Ich sehe aber diese mit dem Altwerden verbundenen äußeren Umstände als Anstoß und Hilfe an, in begrenzter erscheinende Lebensmöglichkeiten einzuwilligen, **die aber einen Zuwachs an Lebenstiefe in Aussicht stellen. Seite 74**

Ich kann nicht mehr tun und geben als ich bin!

Unser Leiden besteht unter anderem darin, die Welt, die Verhältnisse, unter denen wir leben, und uns selbst anders haben zu wollen! Seite 121

Aus dieser Erfahrung ergibt sich für mich eine neue Lebensorientierung: die Welt, meine Lebensverhältnisse und mich selbst anzunehmen.

Versöhnung ist eine Ausdrucksform von Liebe!

Auf dem Wege der Versöhnung nimmt das Leiden ab. In dem Maße, als ich mit einem Menschen versöhnt bin, begegne ich ihm positiv. Dasselbe mit der Krankheit, an der ich leide, meinen Fehlern und meinem Versagen, die mir zu schaffen machen. Es geht darum, mit mir

selbst, mit meinem Leben, versöhnt zu sein. Seite 122
Frömmigkeit ist das Bewusstsein grenzenloses Vertrauen, grenzenlose Ergebenheit, Gelassenheit im Tun, in dem Bewusstsein, **dass nicht wir die Bewirkenden sind, dass vielmehr alles in Gottes Hand liegt.** Die Angst ablegen vor bestimmten Schicksalen, auch vor dem Tod. Sich vertrauensvoll hineingeben in ein unserer Übersicht entzogenes Ganzes.
Gelassenheit statt selber etwas herbeiführen zu wollen. Das beutet nicht Untätigkeit, sondern das, was man tut, ohne Rücksicht auf Erfolg tut, im jeweiligen Tun selbst einen Sinn zu sehen. Alle Hektik kommt aus einem inneren Zwang, etwas Bestimmtes erreichen zu müssen.

Betend den Tag begleiten in ständigem Dank für die erfüllten Augenblicke, Bitte um Verwandlung und Entwicklung im Augenblick der Krankheit und des Leidens. Ständige Fürbitte, in ihr ereignet sich die innere Verbundenheit mit anderen, auch mit denen, die weit weg sind. Alles Gott anvertrauen und im Vertrauen auf seine alles durchdringende Gegenwart leben. Ihn in allem ahnen. Er ist nahe! Er lässt in diesem Augenblick mein Herz schlagen und meinen Atem gehen. Er erhält mich und führt mich von Verwandlung zu Verwandlung immer mehr in seine Nähe. Alle Angst von sich abfallen lassen, der Hoffnung Raum geben. Der Herr ist nahe – möge er mich wachend finden, wenn er kommt. Wach sein heißt: alles von ihm erwarten. Seite 125

Lerne dich zurückzunehmen!
Irgendwann wirst du auch dein irdisches Leben, diesen älter werdenden Körper, aus der Hand geben müssen. Was dann kommen soll und jetzt schon im Gange ist**, ist nichts mehr, was du herbeiführen kannst.** Wenn du überhaupt noch etwas Entscheidendes kannst, dann dieses: dich einlassen auf das, was mit dir passiert und dich einlassen auf das, was dir an neuen Erfahrungen geschenkt wird.

Lernen, nichts bestimmtes zu tun, lernen Dinge und Menschen auf dich zukommen zu lassen, lernen zuzuhören, lernen anzunehmen, auch das, was dir gegen den Strich geht **und schließlich dein Heil, das auf dich zukommt.** Seite 126

Aus „Mein Kampf" Adolf Hitler

Der Starke ist am mächtigsten allein!

Die Kunst des Lesens wie des Lernens ist: **Wesentliches behalten, Unwesentliches vergessen.**

Widerstände sind nicht da, dass man vor ihnen kapituliert, **sondern dass man sie bricht.**

Kämpfen kann ich nur für etwas, **dass ich liebe, lieben nur, was ich achte**, und achten, was ich mindestens kenne.

Die Psyche der breiten Masse ist nicht empfänglich für alles Halbe und Schwache. Gleich dem Weibe, dessen seelisches Empfinden weniger durch Gründe abstrakter Vernunft bestimmt wird als durch solche einer undefinierbaren gefühlsmäßigen Sehnsucht nach ergänzender Kraft und das sich deshalb lieber dem Starken beugt, als den Schwächling beherrscht, **liebt auch die Masse mehr den Herrscher als den Bittenden.**

Der einzelne Arbeiter aber ist niemals in der Lage, sich gegenüber der Macht des großen

Unternehmers durchzusetzen, da es sich hier nicht um eine Frage des Sieges des höheren Rechtes handeln kann, **sondern um die Frage der größeren Macht.**

Die breite Masse eines Volkes vor allem unterliegt immer nur **der Gewalt der Rede.**

Eine Sache ändern wollen heißt sie vorher erkennen müssen.

Was der Mensch will, **das hofft und glaubt er.**

Damit war auch die Aufgabe des Staates dem Kapital gegenüber eine verhältnismäßig einfache und klare: er hatte nur dafür zu sorgen, dass es Dienerin des Staates bliebe und sich nicht einbilde, Herrin der Nation zu sein.
Diese Stellungnahme konnte sich dann in zwei Grenzlinien halten: Erhaltung einer lebensfähigen nationalen und unabhängigen Wirtschaft auf der einen Seite, Sicherung der sozialen Rechte der Arbeitnehmer auf der anderen Seite.

Der Mensch darf niemals in den Irrsinn verfallen, zu glauben, dass er wirklich zum Herrn und Meister der Natur aufgerückt sei – wie der

Dünkel einer Halbbildung dies so leicht vermittelt – sondern er muss die fundamentale Notwendigkeit des Waltens der Natur verstehen und begreifen, wie sehr auch sein Dasein diesen Gesetzen des ewigen Kampfes und Ringens nach oben unterworfen ist.

Je niederträchtiger und elender die Erzeugnisse einer Zeit und ihrer Menschen sind, umso mehr hasst man die Zeugen einer einstigen größeren Höhe und Würde.
Eine wirklich segensreiche Erneuerung der Menschheit wird immer und ewig dort weiterzubauen haben, wo das letzte gute Fundament aufhört. Sie wird sich der Verwendung bereits bestehender Wahrheit nicht zu schämen brauchen.

In einer Volksversammlung der breiten Schichten spricht nicht der Redner am besten, der der anwesenden Intelligenz geistig am nächsten steht, **sondern derjenige, der das Herz der Masse erobert.**

Indem der Glaube mithilft, den Menschen über das Niveau eines tierischen Dahinlebens zu erheben, trägt er in Wahrheit zur Festigung und Sicherung seiner Existenz bei.

Man nehme der heutigen Menschheit die durch ihre Erziehung gestützten religiös glaubensmäßigen, in der praktischen Bedeutung aber sittlich moralischen Grundsätze durch Ausscheidung dieser religiösen Erziehung und ohne dieselbe durch Gleichwertiges zu ersetzen, und man wird das Ergebnis in einer schweren Erschütterung der Fundamente ihres Daseins vor sich haben. Man darf also wohl feststellen, dass nicht nur der Mensch lebt, um höheren Idealen zu dienen, sondern dass diese höheren Ideale umgekehrt auch die Voraussetzung zu seinem Dasein als Mensch geben. So schließt sich der Kreis.

Es muss eine größere Ehre sein, als Straßenfeger Bürger dieses Reiches zu sein, als König in einem fremden Staate. Der Staatsbürger ist gegenüber dem Ausländer bevorrechtigt. **Er ist Herr des Reiches. Seite 491**

Politische Parteien sind zu Kompromissen geneigt, **Weltanschauungen niemals!**

Interessant Seite 262, 270, 286, 416, 478, 489, 491, 715

„Am 01.04.1924 hatte ich aufgrund des Urteilsspruches des Münchener Volksgerichts meine Festungshaft zu Landsberg am Lech anzutreten".
Hier entstand das Buch „Mein Kampf".
Am 09.November 1923 gab es Tote vor der Feldherrnhalle sowie im Hofe des ehemaligen Kriegsministeriums zu München.
An diesem Tage, im vierten Jahre ihres Bestehens, wurde die Nationalsozialistische Arbeiterpartei für das ganze Reichsgebiet **aufgelöst und verboten.**
Im November 1926 steht sie wieder im gesamten Reiche frei da:
STÄRKER UND INNERLICH FESTER ALS JEMALS ZUVOR:
Alle Verfolgungen der Bewegung und ihrer einzelnen Führer, alle Lästerungen und Verleumdungen vermochten ihr nichts anzuhaben. Ihr Ziel war:
EIN STAAT; DER IM ZEITALTER DER RASSENVERGIFTUNG SICH DER PFLEGE SEINER BESTEN RASSISCHEN ELEMENTE WIDMET; MUSS EINES TAGES ZUM HERRN DER ERDE WERDEN. Wahnsinn!

Mutter Teresa

Sei ganz für Gott da!
Mein Kind, iß nie einen einzigen Bissen, ohne ihn mit anderen zu teilen.
Eine Familie, die zusammen betet, bleibt zusammen.
Der Mangel an materiellen Dingen beeinträchtigt nicht unbedingt die Fähigkeit zum glücklich sein.

Die Geschichte, wie sie eine Frau gerettet hatte, die in Kalkutta auf der Straße im Sterben lag, erzählte Mutter Teresa später immer wieder Zuhörern auf der ganzen Welt.
Was diese Frau zum Weinen brachte war nicht die Tatsache, dass sie dem Tode nahe war, sondern **dass ihr Sohn sie verlassen hatte, dass sie allein und von ihrer eigenen Familie verstoßen war. Seite** 38

Sie gab oft zu verstehen, dass die Fähigkeit, Gottes Liebe auszustrahlen, zunächst von einem persönlichen inneren Kontakt mit der Liebe Gottes abhing. Seite 44

Wir sollen nicht danach streben, große Dinge zu vollbringen, **sondern nur kleine Dinge mit großer Liebe. Seite 160**

Woher kommt die Not, das Elend und Leiden? **Der Grund ist der Mangel an Liebe und Gebet.** Da gibt es kein Zusammenkommen mehr in der Familie. Man betet nicht mehr miteinander, kommt nicht zusammen, bleibt nicht zusammen. Seite 162

Ihre Liebe zu den Armen hätte sie in Konflikt mit den Reichen und Mächtigen bringen können, aber sie hatte ja die Armut der Reichen gesehen und den Reichtum der Armen und stets versucht, beides zusammenzubringen. Seite 181

Die Liebe beginnt zu Hause, unterstrich sie immer wieder. Wenn die Frau ihre Rolle zu Hause erfüllt, wenn Frieden in ihrer Umgebung ist, dann wird auf der Welt Frieden herrschen. Hier liegt die Aufgabe der Frau, die kein Mann übernehmen kann. Seite 182

Sie sieht klein aus, sagte Frau Gandhi über Mutter Teresa, **aber an ihr ist nichts Kleines.**

Sie erzählte auch, wie sie einmal in Europa zu einem Altersheim gebracht worden war:
„Und ich ging hinein und sah, dass sie da in dem Heim alles hatten, wunderschöne Sachen, aber alle schauten nur zur Tür. Und ich sah keinen

einzigen mit einem Lächeln im Gesicht. Und ich wandte mich an die Schwester und fragte: Wie kommt das ? Was ist mit all diesen Menschen, die alles haben, warum schauen sie alle nur zur Tür ? Warum lächeln sie nicht ? Und sie sagte: **Das ist fast jeden Tag so. Sie warten, sie hoffen, dass ein Sohn oder eine Tochter zu Besuch kommt.**
Sie sind traurig, weil sie vergessen worden sind." Seite 202

Abtreibung, verkündete sie, **ist nichts anderes als die Angst vor dem Kind** – Angst, ein Kind mehr füttern zu müssen, ein Kind mehr erziehen zu müssen, ein Kind mehr lieben zu müssen. **Deshalb muss das Kind sterben.** Seite 220

Versichert euch immer, dass eure Besuche Frieden, Freude und Einheit bringen. Seite 222

Die Kranken und Notleidenden brauchen kein Mitgefühl und keine Sympathie, **sie brauchen Liebe und Mitleid. Seite 231**

Für Mutter Teresa war die Armut der Menschen in den sozialistischen Ländern extrem, denn sie waren des wichtigsten aller Güter beraubt: **des**

Wissens um die Liebe Gottes zu allen Menschen. Seite 234

Selbsterkenntnis zwingt uns auf die Knie!
Seite 271

Heiligkeit hat nichts mit diesem oder jenem frommen Verhalten zu tun, sie beruht auf einer Neigung des Herzens, die uns klein und demütig in den Armen Gottes macht, unserer Schwäche bewusst und dennoch voll kühnen Vertrauens auf die Güte unseres Vaters. Seite 277

Als sie einmal von einem Soziologieprofessor nach den Gründen gefragt wurde, warum sie auf diese Weise für die Menschen sorge, stellte sie ihm die Gegenfrage, ob er einen Garten habe. Als er bejahte, fragte sie ihn, ob er sich um die Blumen darin kümmere. Und natürlich tat er das. „Meinen Sie nicht", erkundigte sie sich, **„dass ein Mensch viel mehr ist als eine Blume?"**
Seite 292

Das Schöne liegt nicht in der Armut, sondern in dem Mut, dass die Armen immer noch lächeln und trotz allem noch Hoffnung haben. Ich bewundere Hunger, Feuchtigkeit und Kälte gar nicht, **sondern die Einstellung, damit fertig zu**

werden, zu lächeln und weiterzuleben. Ich bewundere die Liebe der Armen zum Leben, die Fähigkeit, Reichtum in kleineren Dingen zu entdecken – wie ein Stück Brot, das ich einem Jungen gab und das er Krümel um Krümel aß, weil er dachte, dass es so besser sei. Während die Ärmsten der Armen frei sind, sorgen wir uns übermäßig um Häuser, um Geld.
Die Armen stellen den größten menschlichen Reichtum dar, den die Welt besitzt, und doch verachten wir sie, **verhalten uns so, als wären sie Abfall.** Seite 295

Die Frucht der Stille ist das Gebet.
Die Frucht des Gebets ist der Glaube.
Die Frucht des Glaubens ist die Liebe.
Die Frucht der Liebe ist das Dienen.
Die Frucht des Dienens ist der Friede. Seite 311

Der Zusammenbruch des Familienlebens ist die Ursache vieler Übel. Menschen, die nur dem materiellen Besitz nachjagen, hätten keine Zeit mehr, zusammen zu sein und füreinander zu sorgen. Sie erzählte die Geschichte eines Kindes, das sie auf der Straße aufgelesen. Die Schwestern badeten es, zogen ihm saubere Sachen an, fütterten es und umsorgten es mütterlich, aber es rannte fort. Anderntags wurde es von jemand anderem gebracht, aber es lief wieder weg. Als das Kind zum drittenmal gebracht wurde, wies Mutter Teresa eine der Schwestern an, ihm zu folgen.

Ein drittes Mal rannte das Kind fort, und da, unter dem Baum, war die Mutter. Sie hatte ein Tongefäß auf zwei Steine gestellt und kochte etwas, das sie aus den Mülltonnen geholt hatte. Die Schwester fragte das Kind: „Warum bist du von zu Hause weggerannt? Und das Kind antwortete: **Aber hier ist mein zu Hause, denn das ist da, wo meine Mutter ist.** Die Mutter war da. Das war zu Hause. Das Essen aus der Mülltonne war in Ordnung, denn es war die Mutter, die es kochte. Es war die Mutter, die das Kind umarmte, die das Kind wollte. Das Kind hatte seine Mutter. Zwischen Eheleuten ist es dasselbe. Er ist die Hand. Er muss arbeiten. Empfangen wir mit Freude, mit Dankbarkeit, mit Liebe ?

Sie brachte es sogar fertig, dass sich die Leute, die ihre Sichtweise nicht teilen konnten, unwohl fühlten. Es war besonders Mutter Teresas absolute Ablehnung der Abtreibung und der künstlichen Geburtenkontrolle, die den größten Meinungsstreit verursachte. So erzählte sie den Zuhörern:

Neulich hob ich ein Bündel von der Straße auf. Es sah aus wie ein Bündel Kleider, das jemand dort verloren hatte, **aber es war ein Kind.** Dann sah ich: Beine, Hände, alles war verkrüppelt. Kein Wunder, dass man es so liegengelassen hatte. **Aber wie kann eine Mutter, die so etwas tut, Gott gegenübertreten?** Aber etwas kann ich ihnen sagen: Die Mutter, eine arme Frau, verließ das Kind zwar, **aber sie tötete das Kind nicht**, und das ist etwas, das wir von unseren Frauen lernen sollten: **Die Liebe für das Kind.**

In Kanada erklärte sie: Wenn eine Nation ihre ungeborenen Kinder vernichtet, weil da Angst ist, dass man sie nicht in Wohlstand ernähren und erziehen kann, **dann ist das die größte Armut.**

Ihr ausdrücklicher Glaube war, **dass keine menschliche Hand erhoben werden durfte**, um Leben zu beenden. Seite 297

Anlässlich der Verleihung des Friedensnobelpreises vom 11. Dezember 1979 in Oslo betete Mutter Teresa mit allen Anwesenden Folgendes: Mach uns würdig, Herr, unseren Mitmenschen in der ganzen Welt **zu dienen,** die in Armut und Hunger leben und sterben. Gib ihnen durch unsere Hände heute ihr tägliches Brot, durch unsere verstehende Liebe Frieden und Freude. **Herr, mach mich zu einem Boten Deines Friedens,** dass ich dort, wo Hass ist, Liebe bringe, wo Unrecht herrscht, den Geist des Verzeihens, wo Uneinigkeit ist, Einigkeit, wo Irrtum herrscht, Wahrheit, wo Zweifel ist, Vertrauen, wo Verzweiflung ist, Hoffnung, wo Schatten sind, Licht, wo Traurigkeit ist, Freude. Seite 331

Wir müssen einander lieben, dass wir geben, bis es weh tut.

Es ist nicht genug, dass wir sagen: „Ich liebe Gott, aber meinen Nachbarn nicht!" Johannes sagt, dass der ein Lügner ist, der behauptet Gott zu lieben, und seinen Nachbarn nicht liebt. **Wie kann man Gott lieben, den man nicht sieht, wenn man nicht den Nachbarn liebt, den man sieht, den man berührt und mit dem man zusammenlebt?** Und so ist es sehr wichtig für uns, dass wir begreifen, dass echte Liebe weh tun muss. Seite 332

Ich vergesse nie, wie ich einmal Gelegenheit hatte, ein Heim zu besuchen, in das Söhne und Töchter ihre alten Eltern gesteckt hatten und sie

dann wohl vergessen hatten. Und ich ging hinein und sah, dass sie da in dem Heim alles hatten, wunderschöne Sachen, aber alle schauten nur zur Tür. Und ich sah keinen einzigen mit einem Lächeln im Gesicht. Und ich wandte mich an die Schwester und fragte: Wie kommt das? Was ist mit all diesen Menschen, die alles haben, warum schauen sie alle nur zur Tür? Warum lächeln sie nicht? Ich bin so daran gewöhnt, das Lächeln bei unseren Leuten zu sehen, sogar die Sterbenden lächeln. Und sie sagte: „Das ist fast jeden Tag so. Sie warten, sie hoffen, dass ein Sohn oder eine Tochter kommt, um sie zu besuchen. Sie sind traurig, **weil sie vergessen** worden sind.
Und sehen Sie, hier kommt die Liebe ins Spiel. Diese Armut schleicht sich geradewegs in unsere Familien. **Wir versäumen es zu lieben.** Vielleicht haben wir in unserer Familie jemanden, der sich einsam fühlt, der sich krank fühlt, der sich besorgt fühlt, und das sind schwierige Tage für alle. **Sind wir da?** Sind wir bereit, sie anzunehmen? Ist die Mutter da, um das Kind anzunehmen? Seite 333

Die Armen sind ganz wunderbare Menschen!

Liebe beginnt zu Hause, und es geht nicht darum, wie viel wir tun, **sondern wie viel Liebe wir in unser Handeln einfließen lassen.** Seite 336

Und darum wollen wir uns immer mit einem Lächeln begegnen, **denn das Lächeln ist der Anfang der Liebe,** und wenn wir anfangen, einander zu lieben, ergibt es sich von selbst, dass wir etwas für den anderen tun wollen. Seite 339

Das Leben ist eine Gelegenheit, nutz sie.
Das Leben ist Schönheit, bewundere sie.
Das Leben ist Glückseligkeit, koste sie.
Das Leben ist ein Traum, verwirkliche ihn.
Das Leben ist eine Herausforderung, begegne ihr.
Das Leben ist eine Pflicht, erfülle sie.
Das Leben ist ein Spiel, spiele es.
Das Leben ist kostbar, pass darauf auf.
Das Leben ist Reichtum, bewahre ihn.
Das Leben ist Liebe, genieße sie.
Das Leben ist ein Geheimnis, erkenne es.
Das Leben ist ein Versprechen, erfülle es.
Das Leben ist Kummer, überwinde ihn.
Das Leben ist ein Lied, singe es.
Das Leben ist ein Kampf, nimm ihn an.
Das Leben ist eine Tragödie, widerstehe ihr.
Das Leben ist ein Abenteuer, wage es.

Das Leben ist Leben; rette es.
Das Leben ist Glück, mache es.
Das Leben ist zu wertvoll, zerstöre es nicht. Seite 18
Ihr aber, für wen haltet Ihr mich?
Du bist Gott.
Du bist Gott von Gott.
Du bist erzeugt, nicht Meister.
Du bist im Wesen eins mit dem Vater.
Du bist der Sohn des lebendigen Gottes.
Du bist der Zweite in der Heiligen Dreifaltigkeit.
Du bist eins mit dem Vater.
Du bist im Vater von Anbeginn.
Alle Dinge kommen von Dir und dem Vater.,
Du bist der geliebte Sohn, an dem der Vater großen Gefallen findet.
Du bist der Sohn Mariens.
Empfangen vom Heiligen Geist im Schoß Mariens.
Du wurdest in Bethlehem geboren.
Du wurdest von Maria in Windeln gewickelt und in die Krippe voll Stroh gelegt.
Nach Meinung der Gelehrten von Israel bist Du ein gewöhnlicher Mann, ohne viel Wissen.

Wer ist Jesus für mich?
Jesus ist das fleischgewordene Wort.
Jesus ist das Brot des Lebens.
Jesus ist das Opfer für unsre Sünde, dargebracht am Kreuz.
Jesus ist die Opfergabe, dargebracht in der Heiligen Messe für die Sünden der Welt und die meinen.
Jesus ist das Wort, das zu sprechen ist.
Jesus ist die Wahrheit, die gesagt zu werden ist.
Jesus ist der Weg, den es zu beschreiten gilt.
Jesus ist das Licht, das zu entzünden ist.
Jesus ist das Leben; das zu leben ist.
Jesus ist die Liebe, die es auszuüben gilt.
Jesus ist die Freude, die zu teilen ist.
Jesus ist der Frieden, der zu schenken ist.
Jesus ist das Brot des Lebens, das zu essen ist.
Jesus ist der Hungrige, der Speise braucht.
Jesus ist der Durstige, dessen Durst zu stillen ist.
Jesus ist der Nackte, der zu kleiden ist.
Jesus ist der Obdachlose, der ein Heim braucht.
Jesus ist der Kranke, der gesundzupflegen ist.
Jesus ist der Einsame, der Liebe braucht.
Jesus ist der Unerwünschte, den es anzunehmen gilt.
 Jesus ist der Leprakranke, dessen Wunden gewaschen werden müssen.
Jesus ist der Bettler, dem ein Lächeln zusteht.

Jesus ist der Trunkenbold, dem man zuhören muss.
Jesus ist der Geisteskranke, der geschützt werden muss.
Jesus ist der Kleine, der umarmt werden will.
Jesus ist der Blinde, der Führung braucht.
Jesus ist der Stumme, für den man sprechen muss.
Jesus ist der Krüppel, der Begleitung braucht.
Jesus ist die Prostituierte, die aus der Gefahr zu befreien ist und Betreuung braucht.
Jesus ist der Gefangene, der besucht werden will.
Jesus ist der Kaltherzige, dem gedient werden muss.

Mir ist Jesus dies:
Jesus ist mein Gott
Jesus ist mein Gemahl
Jesus ist mein Leben
Jesus ist meine einzige Liebe
Jesus ist mein alles in allem
Jesus ist mein ein und alles.
Jesus liebe ich mit meinem ganzen Herzen, mit meinem ganzen Wesen, ich habe ihm alles gegeben, sogar meine Sünden und er hat sich mir vermählt in Zärtlichkeit und Liebe jetzt und immerdar. Ich bin die Gemahlin meines gekreuzigten Gemahls. Seite 342

Mutter Teresa

Aus „Von der Würde des Menschen" von Josef Schmitz von 1948

Unser Herzmuskel leistet in 24 Stunden eine Arbeit, die einem Kraftaufwand entspricht um 19 Kilogramm 1000 Meter hoch zu heben. Pro Stunde jagt das Blut 32 Kilometer durch den Körper. Das ist ungefähr die Durchschnittsgeschwindigkeit eines Güterzuges. Die Arterienwände, die diesen Druck der anstürmenden Blutmassen jahrzehntelang auszuhalten haben, können einen Druck von 8 Atmosphären ertragen. Im Vergleich dazu kann angeführt werden, dass 4 Atmosphären Dampf vollauf genügen, um einen Straßenbahnzug wohltuend zu erwärmen. Das Blut, dessen Gesamtmenge auf ungefähr fünf Liter zu veranschlagen ist, enthält in jedem Kubikzentimeter fünf Millionen rote und etwa 5000 weiße Blutkörperchen. Der menschliche Körper insgesamt besitzt etwa die Zahl von 25 Billionen. Der Mensch atmet ungefähr 18 Mal in der Minute. Dabei nimmt er etwa 6 Liter Luft auf. In 24 Stunden werden ca. 500 Liter Sauerstoff verbraucht und mehr als 400 Liter Kohlensäure ausgestoßen. Galle und Magen produzieren ungefähr 800 bis 1000 Kubikzentimeter Säfte.

Töricht ist, wer Gott aus seinem Werke nicht erkennt! Römer 1

Ein französischer Gelehrter durchstreifte vor Jahren die Wüste. Er nahm als Führer einige Araber mit. Sobald die Sonne sank, breitete einer der Araber einen Teppich auf den Boden und verrichtete sein Gebet. Der Gelehrte lächelte dazu: **„Hast du jemals Gott gesehen?"** Nein – dann bist du ein Narr, wenn du an einen Gott glaubst, den du niemals mit deinen Augen gesehen, mit deinen Händen betastet und gefühlt hast." **Der Araber antwortete nichts.**

Am nächsten Morgen bei Sonnenaufgang bemerkte der Gelehrte beim Heraustreten aus dem Zelt zu seinem Führer: „Hier ist heute eine Karawane gewesen." Da blitzte es in den Augen des Arabers auf. **„Haben sie die Karawane gesehen? – Nein – Nein?** Dann sind sie ein Narr, wenn sie an die Karawane glauben, die sie weder gesehen noch gehört, noch gefühlt haben. O, erwiderte der Gelehrte, man sieht doch hier im Sand ringsum ihre Spuren.

In diesem Augenblick stieg die Sonne in orientalischer Pracht am Horizont empor. Mit einer leichten Handbewegung wies der Araber nach Osten: **"Sehen sie die Fußspuren des Schöpfers?"**

Im Gebete müssen wir Gott suchen, **nicht uns selbst.** Darum ist es unrecht, nur dann zu beten, wenn man in Stimmung und Laune ist, wenn man „zu beten aufgelegt ist."

Vielfach wird frommen Menschen in Verhöhnung ihrer Sonntagspflicht der Vorwurf gemacht: „Ihr müsst ja am Sonntag gezwungenermaßen zum Gottesdienst gehen. Wir gehen aber draußen in die Wälder, in die Natur. Und wenn uns dort die Stimmung ergreift aus dem Rauschen des Waldes, im Säuseln des Windes, im Plätschern des Baches, dann geben wir uns an den großen Gott hin. Das ist wahre Frömmigkeit!"

Wie falsch ist doch diese Auffassung. Da steht ja im Mittelpunkt der Mensch und nicht Gott. Man betet, weil man selber davon ergriffen ist, nicht aber sieht man im Beten oder in der Heiligung des Sonntags den Gottesdienst. Im Berufsleben würde man so töricht niemals handeln. Kein Vorgesetzter wäre damit einverstanden, wenn sein Untergebener ein paar Stunden des Tages ausfallen ließe, weil er gerade keine Lust oder keine Stimmung dazu hat. Keine Familie würde es verstehen, wenn die Mutter nicht für den Tisch rechtzeitig sorgen würde, weil sie nicht dazu aufgelegt und nicht in Stimmung gewesen sei.

Die Ordnung des Tages
Das Aufstehen ist das Präludium (Auftakt) des ganzen Tages. Die ersten Augenblicke geben dem Tag eine Richtung. **Darum weihe sie dem lieben Gott.**
„Gott, mein Gott, in der Frühe wache ich auf zu dir." Psalm 5.62
Oder: „der Meister ist da und ruft dich" Joh. 11.28 „Siehe, da bin ich, denn du hast mich gerufen". „Siehe, Vater, ich komme, deinen Willen zu erfüllen, so war das Morgengebet des Heilandes für sein ganzes Leben.
Das Morgengebet bekommt den rechten Platz, möglichst kniend.
Die übrige Einteilung des Tages hängt von dem Beruf ab. Für die Ordnung des religiösen Lebens ist es dringend ratsam, im Laufe des Tages **ein paar Minuten** der Besinnlichkeit einzubauen. Ordnung brauchen wir auch in den Mahlzeiten. Nicht nach Laune und Willkür darin handeln! Die Lieblingsbeschäftigung darf nicht auf Kosten der Pflicht gehen.
Ordnung auch in der Erholung. Erholung ist notwendig. Ein Bogen, der immer gestrafft ist, verliert schließlich die Spannkraft. Erholung besteht **im Wechsel** der Beschäftigung, nicht im Müßiggang. Die Zeit ist ein kostbares und wertvolles Gut. **Man darf sie nicht vertun.** Sich

„die Zeit vertreiben" ist eigentlich ein sehr böser Ausdruck. „Kaufet die Zeit aus!" Eph. 5.16
Bewahre die Ordnung **und die Ordnung wird dich bewahren!**

Christus als Vorbild

In der Tat, Christus ist das Vorbild, nach dem alle sich ausrichten müssen. Sein Bild ist maßgebend für alle Zeiten und alle Menschen. Keiner aber kann dieses Vorbild ganz in sich darstellen. Jeder verwirklicht irgendein Stück, eine bestimmte Seite davon. Die einen zeigen ihn als den guten Hirten, die andern als den Leidensmann, wieder andere als König. Alle diese Bilder sind richtig. Sie zeigen uns Christus. Er ist das ganze Vorbild, das aber nie ganz dargestellt werden kann.
Wenn ein Sonnenstrahl auf Kristall fällt oder durch ein Prisma, dann teilt sich dieser Sonnenstrahl in verschiedene Farbstrahlen auf. So teilt sich gleichsam auch die Sonne Christus in den einzelnen Heiligen und Menschen in verschiedener Pracht und Herrlichkeit auf.

Wir haben geglaubt und erkannt
von Paul Toaspern

Jesus Christus enttäuscht **keinen,** der sein Leben vertrauend auf ihn wagt.
Wer von dieser Wirklichkeit lebt, **der sagt davon etwas weiter.**

Es wäre doch gemein, anderen Menschen von diesem Weg mit Jesus nichts zu sagen!
Weh mir, wenn ich Jesu Lehre nicht weitersage!
In allen Jahrhunderten haben es Menschen erfahren, dass Jesu Worte nicht leere Worte sind!

Die Kraftentfaltungen von Jesu Worten erfährt man besonders in der Gemeinschaft mit glaubenden Menschen, durch das Hören auf das vollmächtig verkündigte, energiegeladene Wort, durch das Stillewerden vor dem Herrn beim Bibellesen und im Gespräch mit ihm sowie durch das gehorsame Tun des erkannten Willens Gottes.
Gott erfüllt zwar nicht alle unsere Wünsche, **aber alle seine Verheißungen! Seite 17**

Sich im Gehorsam gegen Gott zu üben, ist für alles gut, denn es bringt Gottes Segen für dieses und für das zukünftige Leben. Seite 18

Mich kannte die Ärztin noch als Alkoholiker und dann später als einen Geheilten. Sie hatte über diesem Geschehnis erkannt, dass es ein Geheimnis umwandelnder Kraft außerhalb rationalen Verstehens gibt.
Wie staunende Kinder stehen wir Botschafter an Christi Statt immer und immer wieder tatenlos dabei, wenn es dem Herrn gefällt zu handeln.
Seite 48

Der Glaube ist nicht in erster Linie eine neue Lehre, sondern er schenkt neues Leben!
Aber jeder, der aufrichtig danach verlangt, kann im Vertrauen auf Jesus Christus in neue, ungeahnte Dimensionen des Lebens eindringen. Er kann die frohe Erfahrung machen, dass das rein biologische Leben und sein Ende, der Tod, nicht die letzten Wirklichkeiten sind. Seite 50

Der Konflikt der Jünger mit der Welt zieht sich durch ihr ganzes Leben hindurch und verlangt von ihnen die immer neue Entschlossenheit. Diese lässt sich nicht durch einen einmaligen Entschluss ersetzen, und sei er noch so ernst. Die

Begehrungen, die aus der menschlichen Gemeinschaft und aus der natürlichen Bedürftigkeit entstehen, haben nicht auszurottende Wurzeln. Sie müssen unaufhörlich abgewiesen werden. Das bedeutet für den Jünger immer wieder „Griff nach dem Kreuz". Seite 59

Man muss so gut rechnen können, als ob man keinen Glauben hätte, aber noch mehr Glauben haben, als ob man nicht rechnen könnte.
Gestern ist vorbei, morgen noch nicht da und heute sorgt der Herr. Der natürliche Mensch vernimmt nichts vom Geist Gottes. Seite 65

Ich wollte dahinterkommen, Gott mit dem Verstand erfassen, all die geheimnisvollen verborgenen Dinge enträtseln. Eines Tages war ich mit meinem Latein am Ende.
Da brachte Gott selbst die Wende in meinem Leben zustande. Er schenkte mir Glauben. Seitdem weiß ich: "Glauben ist Geschenk des himmlischen Vaters."
Gott lässt sich nicht enträtseln. Gott ist für uns ein Geheimnis, **und Geheimnisse werden offenbart oder gehütet. Geheimnisse kann man deshalb nie enträtseln!** Seite 66

Ohne Gott wüsste ich das Entscheidende vom Sinn und Ziel des Lebens nicht.

Wenn wir unseren Lebensweg mit Jesus Christus gehen, dann muss sich unser Leben von Grund auf ändern. Er nimmt uns zwar an, wie wir sind, **aber wir können nicht so bleiben.**
Er lehrt uns in allen Situationen zu fragen: Herr, was willst du, dass ich tun soll? Sein Wort ist jetzt unser Maßstab zum Handeln. Seite 83

Jesus zwingt zwar niemanden in seine Nachfolge, aber wer sich von ihm trennt, hat sich gegen Gott entschieden. Er lebt im Hause Gottes ohne den Hausherrn des Universums. Seite 88

Eine klare Entscheidung für Christus hat Konsequenzen und lässt echte Charaktere entstehen, die auch die Achtung der Nichtchristen finden. Seite 90

Gott ist immer bereit zu einem neuen Anfang mit uns! Es hängt im Leben alles davon ab, dass einer das Richtige tut und das Verkehrte lässt. Aber was ist das Richtige? Wer sich an den Verführer wendet, der wird verführt! Unser Verstand ist mit uns aufgewachsen. Er steht vor uns und redet uns nach dem Munde. Er ist nicht in der Lage, uns unvoreingenommen zu raten. Wir brauchen die klare Führung Gottes. Gott will und kann uns führen. Er ist der Einzige, der das Ganze meines Lebens überschaut.

Was muss aber geschehen, damit unser Leben unter die Führung Gottes kommt?

Das Erste ist die Bereitschaft, auf Gottes Stimme zu hören. Gottes Stimme wird im Herzen vernommen.

Es kommt nicht darauf an, was du über Gott denkst, **sondern was Gott über dich denkt.** Das erste, worüber Gott mit einem Menschen redet, ist seine Sünde. Sie trennt ihn von Gott und ist Ursache seiner inneren Taubheit. Gott redet ganz gewiss keinem Menschen nach dem Mund!

Festgehaltene, nicht bekannte, unvergebene Sünde macht eine Führung des Lebens durch Gott unmöglich.

Wenn der Mensch schweigt, redet Gott. **Wenn der Mensch gehorcht, handelt Gott!** Wer anfängt, im Schweigen auf Gott zu hören, braucht ganz gewiss erst einmal äußere Stille. Wer sich aber die stille Zeit am Tage nimmt, der hat sie. Wie viele haben die Kunst des Zuhörens verlernt! Aber jeder wird belohnt, der hier nicht aufgibt. Denn Gottes Stimme, die sich im Gewissen meldet, ist eine zarte und feine

Stimme. Sie wird schnell überhört. Die Unterscheidung der Stimme Gottes in meinem Inneren ist auch eine Frage der Liebe. Die Stimme eines geliebten Menschen hört und erkennt man aus hundert anderen Stimmen heraus. Oft genügt nur ein leiser Ruf, und man weiß, wer gerufen hat. Wenn unser Herz Gott liebt, dann kennen wir seine Stimme ganz genau. **Wir vernehmen auch den leisesten Anruf Gottes.**
Seite 105
Liebende leben von der Vergebung!

Des Jüngers Aufgabe ist es, immer mehr in Jesu Art hineinzuwachsen. Dazu gehört außer dem Gebet und der Gemeinschaft vor allem regelmäßige Beschäftigung mit Gottes Wort.
Seite 137
Wo kein Weg mehr ist, ist des Wegs Beginn. Diese Wahrheit ist die Antwort auf das Suchen des Menschen nach letzter Wahrheit. Seite 171

Wir sollen Frucht bringen für ihn und den Vater im Himmel verherrlichen. Das ist der letzte Sinn unseres Lebens, dass wir zur Ehre Gottes leben, als Jünger Jesu, im Dasein für den anderen. Denn der christliche Glaube ist nicht ein Weg der Existenzbewältigung neben anderen Wegen. Er hat eine Dimension zur Ewigkeit hin, die unser Leben schon hier bestimmt. Seite 173

Erst im Leid lernen wir oft für die christlichen Dinge des Alltags, die uns sonst so selbstverständlich sind, dankbar zu werden, ja wir lernen, jeden neuen Tag als einen uns anvertrauten Tag zu empfangen. Alles Leid will uns noch mehr hindrängen zu dem lebendigen Herrn selbst. Dieses Geheimnis hebt uns über alle Kreatur hinaus. Es sollte eingebettet sein in die innere Bereitschaft, dass in allem Gottes Wille geschehe. Die Wirklichkeit des Gebets ist für mich eine der überzeugensten Wirklichkeiten. Man kann den Zugang zum Gebet nicht theoretisch finden. Man kann diese Wirklichkeit nur betend und Gottes Antworten in Gewissheit des Herzens, in sichtbaren Hilfen oder in stillen Führungen erfahren. Seite 176

Echter Glaube wird unter den Mitmenschen immer auch Achtung gewinnen, halber Glaube aber letztlich nicht ernst genommen.

Herr, deines Winks bin ich gewärtig, auch des Rufs aus dieser Welt. Denn der ist zum Sterben fertig, der sich lebend zu dir hält. Seite 191

Die vier großen B: bewährt, bekehrt, begabt, berufen. Seite 191

Die Entschiedenheit zeigt sich, wenn man in die Entscheidung gestellt wird. Seite 194

In den dunkelsten Stunden sind wir Gott am nächsten! Seite 207

Erst glauben, dann erkennen, so sei die biblische Reihenfolge. Seite 211

Wir Kinder Gottes von Joseph Lucas

Der Abfall von Gott hat die Menschen **noch immer in den Staub geführt.** Ohne Gott lässt sich ein wahrhaft glückliches Leben nicht gestalten. Das Bild Gottes kann keiner zerschlagen, und wer den Versuch dazu machte, **zertrümmerte sein eigenes Glück.** Seite 10

Gott offenbart sich nur den Kleinen und Demütigen, die auf ihren Knien liegen und beten können. Wer bescheiden und klein wird wie ein Kind, muss ihn finden. Seite 13

Noch niemals hat ein Tier einen Gedanken gedacht und ausgesprochen. Aber der Mensch kann denken und wollen. Kann Begriffe formen und gestalten, kann sie verbinden und verarbeiten, kann gleichsam über sich selbst hinaufsteigen in das gewaltige, schier unendlich Reich der Gedanken. Bis zur Erkenntnis seines Herrn und Schöpfers kann er vordringen, kann dessen Schöpfergedanken liebend nachdenken, kann Gott loben und preisen, kann ihm danken, kann ihn bewundern, kann ihn bitten. Seite 17

Ein Wildapfelbaum wird aus sich niemals Edelfrucht hervorbringen. Er ist und bleibt ein Wildling. Nimmst du aber ein Reis von dem edlen Baum, pflanzest es in den Wildling, so vollzieht sich in ihm ein wunderbarer Vorgang. Äußerlich bleibt der Baum, was er war. Die gleiche Wurzel, der gleiche Stamm,, die gleiche Rinde, das gleiche Holz. Und doch ist er ein ganz anderer geworden. Mit dem Pfropfreislein ist eine höhere Kraft, die sich aus dem Leben des Edelbaumes losgelöst hat, in ihn gekommen. Hat seine Wildlingsnatur umgebildet, von der fremden Kraft ihm geschenkt und ihn befähigt, Früchte zu bringen, die über die Kräfte seiner Wildlingsnatur weit hinausgehen. Seite 19

Der Kulturmensch fragt und forscht und zweifelt! Und daher finden sie den Vater nicht. Das Kind aber faltet gläubig die Hände und freut sich an dem schönen großen Geheimnis.
Es weiß, dass der Vater da ist, dass es an seinem gütigen Herzen sicher und geborgen ist gegen jede Gefahr. Es liebt. Und darum glaubt es.
Jesus sagte: „Wenn ihr nicht umkehrt und werdet wie die Kinder, so werdet ihr nicht in das Himmelreich eingehen!" Seite 58

Von Jesus können wir lernen, wie wir uns zum Vater verhalten sollen. Was der Vater tut, sucht er. Was der Vater will, will auch er. Was dem Vater gefällt, gefällt auch ihm. Der Wille des Vaters ist entscheidend für seine Entschlüsse und Opfer! Seite 59

Gottes Kinder haben keinen Grund, jemals zu verzagen. Auch in Sturmes Not nicht. Denn sie ringen und kämpfen niemals allein. Seite 60

Kinder haben reine, unschuldige Augen, sie sehen nichts Böses. Ihr Wesen ist argloses Vertrauen und Hingabe. Sie wissen nichts von Sünde. Kinder haben mitleidige Augen, sie können nicht ungütig und hart sein.
Wir Erwachsene aber sind durch Not, Sünde und bittere Erfahrungen weit von unserem Kinderland getrennt. Wir sind wissend geworden. Es ist nicht mehr leicht, gütig zu sein. Wir sind müde und ernst, weil wir zu viel denken und sorgen müssen. Wir schauen zu viel auf die Erde und zu wenig nach dem Himmel. Darum hat das Leben uns so bitter enttäuscht. Hätten wir mehr nach oben geschaut und an den Vater gedacht, wir könnten viel froher und glücklicher sein. Haben wir nicht sein Versprechen: „Und

wenn eine Mutter ihres Kindes vergessen könnte, ich werde deiner doch noch gedenken!" Seite 61

Gott ist die Liebe. Der Liebe aber ist es stets eigen zu geben, ohne an Dank und Nutzen zu denken. Seite 67

Gott liebt mich und ich liebe ihn wieder! Seite 66

Wer Gottes Willen erfüllt, mag er sich äußern, wie er will, geht immer den rechten Weg. Menschen, die sich in Gottes Willen schmiegen, ohne lange zu fragen und zu grübeln, gehen schnurstracks zum Himmel. Gott zieht sie zu sich empor. Seite 78

Die Menschen meinen, es sei Gottes Pflicht ihre Wünsche restlos zu erfüllen. Wenn er dies nun nicht tut und wegen ihrer Hochmut Leid und Kummer über sie kommen lässt, kündigen sie ihm die Freundschaft und ihr Vertrauen. Sagen sich von ihm los. Meinen, sie hätten das Recht, Gott vor ihren Richterstuhl zu ziehen, als wären sie die Herren, Gott aber der Diener. **Sie täuschen sich sehr.**
Gott könnte das Böse hindern, aber er könnte es nur durch Vernichtung der menschlichen Freiheit.

Kinder Gottes zweifeln nicht an Gottes Güte. Wohl haben auch sie es oft erfahren, dass Gott nicht immer so helfen will, wie sie es möchten, dass er zuweilen taub und stumm gegen unsere Not zu sein scheint. Aber sie legen ihre Bitten deshalb doch ruhig in Gottes Hände, überzeugt, dass er helfen wird, wenn auch nicht gerade in der gewünschte Weise. Seite 93

Gott verlangt von seinen Kindern nicht, dass sie reich und angesehen, sondern dass sie ihm ähnlich werden. Und ihn über alles lieben. Das ist die Aufgabe eines jeden Tages. Und mag er uns bringen und von uns fordern, was er will, eines dürfen wir uns jeden Morgen sagen: der heutige Tag ist mir von Gott gegeben, dass ich in seiner Liebe wachse. Seite 99

Denn nie und nimmer wird ein vernünftiger, weiser Vater sich herbeilassen, in sklavischer Weise die Wünsche seines Kindes zu erfüllen. Das müsste ein rechter Tor sein. Es hieße die Ordnung wahrhaftig ganz verkehren, würden die Unmündigen befehlen und die Mündigen gehorchen. Seite 101

Die Hauptsache ist, dass wir das werden, was Gott aus uns machen will. Seite 105

Nichts soll dich ängstigen, nichts dich erschrecken!
Alles vergeht. Gott, er bleibt derselbe, Geduld erreicht alles.
Wer Gott besitzt, dem kann nichts fehlen, Gott allein genügt.

Wahlspruch der hl. Theresia Seite 108

Herr, dieser Tag und was er bringen mag, sei mir aus deiner Hand gegeben!
Du bist der Weg, die Wahrheit und das Leben.
Du bist der Weg – ich will ihn gehen.
Du bist das Leben – es mag mich umwehen.
Leid und Kühle, Glück und Gut: alles ist gut, so wie es kommt.
Gib, dass es mir frommt! In Deinem Namen beginn ich. Amen Seite 139

Wir haben so vielen Menschen zu danken. Dem Zimmermann und dem Maurer, die uns das Haus gebaut, dem Schreiner, der uns die Möbel gemacht, dem Schneider und Schuster, die uns die Kleider liefern, dem Bäcker, der uns das Brot backt, dem Metzger, der uns mit Fleisch versieht, all den andern Handwerkern, die uns tausend wichtige und unwichtige Dinge herstellen, unser

Leben erträglich, angenehm, schön machen, dem Bergmann, der uns die Kohlen gräbt, dem Eisenbahner, der uns die Waren herbeischafft, dem Briefträger, der uns die Post ins Haus bringt, dem Straßenkehrer, der die Straßen reinigt.
Wie kann ein denkender, vernünftiger Mensch nur sagen, er brauche niemand?
Keine Stunde vergeht, wo wir nicht irgendjemand für etwas zu danken hätten, wenn wir es tatsächlich auch nicht tun und die Gaben anderer wie etwas Selbstverständliches hinnehmen.
Dass wir sie bezahlen, enthebt uns nicht der Pflicht, ihnen zu danken. Unser Leben müsste eigentlich ein einziger Dank gegen unsere Mitmenschen sein. Seite 242

Wer sich in seine Mitmenschen einzufühlen versucht, wird sich auch bemühen, Leid und Kummer von ihnen fernzuhalten. **Helfende Güte ist immer ein Merkmal der Kinder Gottes gewesen.** Die Welt nimmt uns heute nicht einfach hin als Christen, **sie wird uns prüfen, ob wir es wirklich sind.** Man schaut uns auf die Finger und ins Herz. Findet sich Härte und Unverstehen, **so wendet man sich ab und glaubt nicht,** dass Christen etwas Besseres sind als andere Menschen. Kinder Gottes tun keinem

Menschen weher als unbedingt nötig ist. Achten seine Ehre und dulden nicht, dass man sie verletzt. Seite 245

Der Hass gegen die Reichen kommt nicht daher, weil sie reich sind und die andern arm sind, sondern weil sie zu sehr zeigen, dass sie reich sind, weil sie alles für sich behalten wollen **und zusehen können, dass der Arme neben ihnen zugrunde geht.** Seite 247

Alle Liebe, die einer gibt, kehrt als Gnade und Segen zu ihm zurück. Seite 261

Es gibt nichts Schöneres auf der Welt **als einen betenden Mann.** Seite 298

Es gibt nichts Schöneres auf der Welt als einen Menschen, dessen Herz immer auf Gott gerichtet ist. Seite 298

Unsere Sehnsucht liegt im Himmel. Wo die Sehnsucht, da auch die Liebe. Wie soll ein Kind Gottes sich von den Gütern dieser Welt fesseln lassen, nachdem seine Seele im Gebete Himmelslicht getrunken und Himmelsbrot gegessen hat? Seite 331

Von Gott sind wir gekommen, er ist der Vater. Bei ihm ist unsere Heimat. Zu ihm müssen wir zurück. Unser Leben ist ein Schrei nach Gott. Die Heilige Schrift nennt jene Toren, die sich der Welt verschreiben und von Gott abwenden. Seite 331

Dass wir das Leben und seine Güter lieben, ist nicht schlimm. Schlimm wird es erst, **wenn wir ihnen zuliebe Gott preisgeben. Seite 339**

Kannst du nicht Stern am Himmel sein, so sei die Lampe in einem Haus! Kann man nicht viel tun, so tut man eben wenig. **Es geht gewiss kein Körnlein verloren, das wir guten Geistes ausstreuen. Seite 408**

Auf dem Wege zu Gott von Georgi Tertyschnikow

Ohne Gebet kann der Kampf mit den Leidenschaften nicht geführt werden. Ohne Gebet keine Vervollkommnung, ohne Gebet keine Vereinigung mit Gott, denn im Gebet liegen die Wurzeln **des geistigen Aufstiegs.** Zu Beginn des intensiven Gebetslebens, das zur Vereinigung mit Gott führen soll, steht der Kampf mit den Begierden. Der Gläubige muss sich von Lüsten, Neid, Stolz, Eifersucht Ehrgeiz, Geiz, Geltungsdrang, Jähzorn, Verdruss, Launen, Unlust, Trägheit und Bosheit befreien und gehorsam, demütig sowie wach im Geiste werden.
Nicht der ständige Wechsel der Gedanken und Gebete gilt als Mittel gegen die Zerstreuung, **sondern die bewusste Wiederholung.**

Wer die Kirche nicht zur Mutter hat, kann Gott nicht zum Vater haben.
Die Kirche existiert vor allem deshalb, um ihren Gliedern zu helfen, den rechten Weg der Wahrheit zu finden, auf ihm voranzuschreiten und sie zur Vollkommenheit anzuleiten, damit sie als Gläubige ihre eigentliche Bestimmung, die Vollendung in Gott, verwirklichen können.

Die Gnade Gottes schafft die Werke im Menschen, und die Werke machen den Menschen disponiert für die Gnade.

Der Erzieher muss selbst alle Stufen christlicher Vollkommenheit erklimmen, damit er sich beherrschen und in die Gedankenwelt der Schüler eindringen kann, um dann mit Geduld, sicher und fruchtbar auf sie einzuwirken. Dem Erzieherstand sollten die Reinsten, von Gott Auserwählten angehören. **Erziehung ist von allen Aufgaben die heiligste!**

Es gibt Menschen, die sich ganz dem Tätigsein hingeben, die inmitten der Menge leben und dem Kampf für ihre Ideale zutiefst ergeben sind. Es gibt aber auch andere Menschen. Ihr Tun bleibt zu ihren Lebzeiten von vielen Menschen unbemerkt. Sie sprechen nicht über ihre Arbeit, aber die Früchte ihres Geistes beeinflussen oft die Seelen vieler Menschen. Ihr Andenken bleibt deshalb der Nachwelt erhalten.

Auch die äußeren Ereignisse im Leben eines bedeutenden Menschen können für andere hilfreich sein. Kann es etwas Höheres und Wertvolleres geben als den Versuch, in die innere Welt und die Seele derjenigen einzudringen, die reich an geistiger Erfahrung und himmlischen Gnadengaben sind? Kann es etwas Wertvolleres geben, als zu erfahren, wie ein solcher Mensch glaubte und betete, wie er dachte und innerlich mit sich kämpfte?

Sterben, das ist nichts Besonderes. Man muss nur warten. Wie der Arbeitende am Tag auf die Nacht wartet, um einzuschlummern, so muss auch der Lebende sein Ende vor sich sehen, um dann zu sterben. Nur gebe Gott, dass man im Herrn stirbt, damit man immer bei Gott ist.
Die Verstorbenen leben durch ihre guten Werke im Gedächtnis der Nachwelt weiter.

Es ist eine Pflicht, auf jeden Brief zu antworten, wie kurz oder banal er auch war. Schweigen halte ich dem Bittsteller gegenüber für eine Beleidigung.

Der Mensch soll sich während seines ganzen Lebens auf die Ewigkeit vorbereiten, darin besteht seine Rettung.

Einziges Ziel des Menschen sollte sein, seiner Erlösung zu leben. Gott hat uns geschaffen, damit wir in ihm leben, damit wir schon hier mit ihm vereinigt sind.

Durch Jesu Opfertod wurde die Rettung verwirklicht, sie wurde zur Grundlage unseres Lebens. Sie schafft ewiges Leben, und ihre Kraft wirkt bis zur Ewigkeit.

Das Leben eines Christen sollte immer und unter allen Umständen Gott geweiht sein.

Der Christ muss fest glauben, dass alles in seinem Leben nach dem Willen Gottes geschieht.

Die Stätte, die alle erreichen sollen, leuchtet helle, aber die Wege zum Himmel sind verschieden.

Der Mensch kann nicht erlöst werden, wenn er nicht auf rechte Weise lebt.

Die Planeten bewegen sich um die Sonne, und diese wiederum drehen sich um sich selbst. So sind auch die gesamte geistige Welt – die Engel, die Heiligen und die Gläubigen – dem Herrn zugewandt, um ihn ziehen sie ihre Bahn. Er ist der Mittelpunkt, um den sich alles dreht, das Haupt aller, die im Himmel und auf der Erde leben.

Das Bemühen, innerlich lebendiger mit Gott vereinigt zu werden, sollte das letzte Ziel christlicher Askese sein. Um aber mit Gott vereinigt zu werden und in ihm zu erstarken, muss der Mensch so leben, dass er mit den Weisungen Gottes im Einklang steht.
Die geistige Erlösung vollzieht sich unabhängig von der seelischen Entwicklung des Menschen. Darum steht ein schlichter Mensch, der Gott fürchtet, höher als ein gebildeter und eleganter, der aber in seinen Zielen und Bestrebungen nicht danach trachtet, gottwohlgefällig zu sein. Das Geistige muss die Norm sein. Wenn der Mensch während seines Lebens sich um die Vereinigung mit Gott bemüht hat, hat er die Aufgabe seines Lebens, um derentwillen er ins Dasein gerufen wurde, erfüllt

Jeder, der einen begnadeten Menschen begegnet, spürt diese außergewöhnliche Kraft. Spricht er von geistlichen Dingen, so erscheint alles klar, wie der Tag, sein Wort erreicht die anderen. Selbst wenn er nicht reden würde, so gehen von solchem Menschen Wärme und Kraft aus, die das sittliche Gefühl der anderen ansprechen und sie zum Tun und zu Glaubenstaten bereitmachen.

Ein begnadeter Mann leuchtet wie ein Stern in der Nacht. Der innere Glanz strahlt ganz von selbst aus ihm heraus.

Es lässt sich schwer bestimmen, wann und wie die Erlösung beginnt. Die erste und wichtigste Bedingung ist, sich beharrlich und entschlossen die Erlösung zu wünschen. Nur dann öffnet sich das Herz, um den Herrn aufzunehmen.
Wer sich nicht bemüht, **wird auch nicht erlöst.**
Hört der Eifer um das Seelenheil auf, so wird gleichsam die geistliche Atmung eingestellt, das geistliche Herz hört auf zu schlagen, der Geist stirbt und erstarrt.

Wie in unserem Körper kein Glied für sich existiert, sondern stirbt und zu Staub wird, sofern es vom Leib getrennt wird, so kann auch der gläubige Christ nicht allein und losgelöst von der Kirche leben, sondern nur in der umfassenden Vereinigung aller Gläubigen. Trennt er sich von ihr, dann stirbt er geistlich und verdirbt.
Stellen wir uns einen großen, breiten und tiefen Fluss vor. Über ihn führt eine Brücke. Man kann aber auch mit einem Boot bzw. einer Fähre zum anderen Ufer gelangen. Einige werden beim Überqueren die Brücke benutzen, andre setzen

mit dem Kahn oder der Fähre über. Nun aber kommt ein Kluger, der glaubt, ohne Hilfsmittel über den Fluss gelangen zu können. Er wartet darauf, dass er irgendwie vom Geiste erfasst und hinübergetragen wird. In dieser Überzeugung sitz er am Ufer. Er sitzt und sitzt, betrachtet alle anderen nur mit einem spöttischen Lächeln und beschimpft ihr Tun als nichtige äußere Werke. Wird dieser nun zum anderen Ufer gelangen? Ganz gewiss nicht! **Und so diskutiert er sein ganzes Leben lang.**

Wer ein ruhiges Leben haben möchte, steht seiner Erlösung selbst im Wege. Unermüdliche beharrliche Arbeit an sich selbst ist die unabdingbare Voraussetzung für unsere Rettung, Stagnation im geistlichen Leben, kommt einem Rückfall gleich.
Für den, der kein geistliches Leben führt, ist die innere Zerstörung bedeutungslos, denn es war ja gar nichts vorhanden. Wer sich aber um eine geistliche Lebensführung bemühte und damit aufhörte, für den ist es verderblich.
Ein Samenkorn verdirbt nicht im Frost, die Lebenskräfte bleiben erhalten. Ein Keim aber wird geschädigt, und eine Blume geht schon bei leichtestem Frost zugrunde. So ist es auch im geistlichen Leben. Begannen wir mit der

geistlichen Lebensgestaltung, bringt es Schaden, zwischendurch einmal aufzuhören. Jede Unterbrechung lässt die Kräfte schwächer und schwächer werden, bis sie total erlahmt sind und nur noch der Name oder eine äußere Lebensordnung ohne innere Entsprechung übrigbleiben.

Ein Christ, der hart und unnachgiebig gegen sich selbst ist, errichtet in seiner Seele ein unsichtbares Kreuz. Auf diese Weise wird er mit Christus mitgekreuzigt.

Selbstmitleid und Selbstzufriedenheit bezeugen, dass im Herzen nicht Gott, wohl aber das eigene Ich herrscht.

Das Gebet ist das wichtigste Tun eines Christen. Das Gebet ist der Grundpfeiler religiösen Lebens. Wurzel dieses Lebens ist ein freiwilliges bewusstes Offensein vor Gott, aus dem sich alles Weitere ergibt.

Das Gebet ist die Lebenskraft der Seele, der Atem des Geistes, eine aus dem Herzen kommende geistige Atmosphäre. Das rechte Gebet ist der Wegweiser zum geistlichen Fortschritt. Das Gebet ist sozusagen ein geistliches Barometer, das uns durch seine Intensität anzeigt, wie hoch oder wie niedrig wir zur Zeit die Vereinigung mit Gott einschätzen.

Das geistliche Leben des Menschen steht in enger Beziehung zum Gebet. Ohne Gebet ist dieses Leben nicht existent oder vorstellbar. Darum, das Gebet ist die Hauptsache, es ist unser Weg zu Gott! Es führt unseren Geist in den Bereich Gottes, zur Wurzel unseres Seins, denn vom Geist empfängt der Leib das Leben. Darum darf es uns nicht verwundern, wenn wir lesen, dass mancher Heilige die ganze Nacht hindurch betete und bis zum Morgengrauen nicht davon abließ. Das Gebet trug ihn in seine geistliche Heimat, wo Vater und Mutter, Brüder und Schwestern ihn mit ganzer Liebe umfingen, trösteten und erquickten.

Das Gebet heiligt unser ganzes Tun, unsere Arbeit und unsere Glaubenstaten. Alles, was wir um unserer Vollkommenheit willen tun, wird unserer Seele nur dann Nutzen bringen, wenn wir es mit dem Gebet beginnen, mit unserem Gebet begleiten und mit Gebet beenden. Gebet ist das Wichtigste für den Christen, es wird jeden Schritt auf dem Wege zum ewigen Heil heiligen und erleuchten.

Im Gebet vereinigt sich der Mensch mit Gott. Darum ist es Gradmesser unserer Beziehung zu ihm.

Um zur Vereinigung mit Gott mittels des Gebetes zu gelangen und in guten Taten zu erstarken, muss man die rechte Gebetsweise erlernen. Damit das Gebet die richtige Richtung bekommt, sollte sich der Christ von bestimmten Ordnungen leiten lassen. Die Gebetsordnung ist der Sicherheitszaun für das Gebet. Das Gebet bezieht sich auf das innere Wesen des Menschen, die Gebetsregel gibt den äußeren Rahmen. So wie der Mensch nicht ohne Leib nicht ganz Mensch ist, so ist das Gebet ohne die rechte Ordnung nicht vollkommen.

Wenn du zum Gebet hinzutrittst, wann es auch immer sei, ruhe ein wenig, setz dich nieder oder gehe. Versuche hellwach zu werden und alles weltliche Wirken, Denken und Sorgen von dir zu schieben. Dann denke daran, wer es ist, an den du dich im Gebet wenden willst und wer du bist. Schon wird deine Seele demütig und furchtsam vor Gott stehen. Hier beginnt bereits das Gebet, und ein guter Anfang ist schon ein halbfertiges Werk.

Ein Christ, der regelmäßig betet, die Gottesdienste besucht und sich oft in kurzen Gebeten Gott zuwendet, müsste allmählich die Fähigkeit erlernen, ohne Unterlass zu beten. **Wie der Mensch sich zu Gott verhält, so verhält sich auch Gott zu den Menschen.**

Wie die Engel immer vor dem Angesicht Gottes weilen, sollten auch wir uns bemühen, vor Gott zu treten.

Wenn wir das Wort Gottes nur lesen, ohne es anzuwenden, ist es nicht nur sinnlos, sondern schädlich. **Es sammeln sich lediglich Theorien im Kopf, die uns nur dazu bringen, die anderen zu richten.**

Wenn ihr alles euch Mögliche getan habt, wartet auf die Hilfe von oben, und der Herr wird euch zur rechten Zeit beistehen und heilen. Ohne Gott kann das Gute in unseren Herzen nicht Wurzel fassen.

Ein Christ muss zu seiner Erlösung, trotz der Gnadenhilfe Gottes, **alle sein Kräfte aufbieten.**

Zu lieben ist die Bestimmung der Heiligen, und sie wird in alle Ewigkeit währen.
Die eigentliche Liebe zu Gott beginnt erst, wenn wir den Entschluss fassen, von nun an, ohne uns zu schonen, für Gott zu wirken.

Von der Gottesfurcht geleitet, wird der Mensch im geistlichen Leben Fortschritte machen, er wird gute Werke tun, deren vornehmstes ist: „Liebe zu Gott und dem Nächsten".

Wenn jemand weinend zu euch kommt, lasst ihn nicht fort, bevor ihr seine Tränen getrocknet habt.

Ohne Demut wurde und wird niemand erlöst. Sie ist der Ausweis, ohne den man nicht in Gottes Reich eintreten kann, **denn es beherbergt nur die Demütigen.**

Durch unschuldiges Leiden nehmen wir an der Passion Christi teil. Wer sein Recht haben will, beharrt auf den Richterspruch! Gnade zu erflehn und unschuldig leiden ist aber besser.

Durch Trübsal bahnt uns der Herr den Weg ins Vaterhaus.

Wer nachtragend ist oder ähnlich Gefühle hegt, wird nicht erlöst.

Bekenntnis zum Bekenntnis
von Walter Brunold

Darum kann ich nicht anders in der Bibel lesen als mit Ehrfurcht.

Wenn heute manche Christen darüber hinaus zu sein meinen, wenn ihnen die Bibel allenfalls als Diskussionsgrundlage dienen soll, wenn sie an der Bibel nur gelten lassen wollen, was sie für gut befinden, wenn sie aus ihr nur das herauslesen, was sie selbst zuvor hineingelegt haben, dann liefern diese Christen mir den Beweis dafür, wie wenig sie begriffen haben, was die Bibel wirklich ist.

Manchmal sind sie sehr gelehrt und in vielen Wissenschaften bewandert. Das ändert jedoch nichts daran, dass ihnen das wesentliche Verständnis der Bibel verschlossen ist, welches sie zu einem einzigartigen Buch, zum Buch der Bücher macht.

Das allein aber ist es, worauf es ankommt. Es ist die nicht beweisbare, aber erlebte Erfahrung: „Durch die Bibel spricht Gott zu mir!"

Hier wird Bleibendes und Gültiges über Gott und über mich gesagt. Hier bin ich an der richtigen Quelle, wenn ich für mich selbst suche, wenn ich nach dem frage, was Gott für mein Leben bedeutet. Die Menschen der Bibel sagen mir, wer Gott für sie und wer er für mich ist.

Beim Studium der Bibel kann mir auch mein Verstand wertvolle Dienste leisten. Wehe aber, wenn ich meinen Verstand davon laufen lasse, ohne dass mir Herz und Gemüt bewegt sind! Wenn ich mich von den Aussagen der Bibel nicht persönlich anrühren lasse und meinen Verstand auf die Reise schicke, dann begibt sich dieser sofort auf Abwege und denkt an der Wirklichkeit Gottes vorbei, ja er wird blind für sie. Er erträgt dann die Tatsache nicht mehr, dass Gott als der Herr, als der Richter, der Hirte, der Arzt erfahren wird. Er stellt lieber die Tatsache in Frage, als dass er seine eigenen Grenzen anerkennt.

Der losgelöst von der Berührung mit Gott arbeitende Verstand versucht tatsächlich, Gott nach seinem, des Verstandes, eigenen Bilde zu formen, weil er die erste und schlichteste Voraussetzung vergisst, auf der jeder wirkliche Glaube an Gott beruht:

„Gott wäre nicht Gott, wenn er sich nach den Regeln und Möglichkeiten meines Verstandes richtete!" Derselbe Verstand aber wird mir zu einem wertvollen Helfer und Ratgeber, wenn ich mich von den Erfahrungen der biblischen

Menschen anrühren lasse. Denn es ist mir klar geworden, dass Gott sich in unser Denken und Forschen nicht einordnen lässt, dass er unsere Denkmaßstäbe und Denkgesetze zerbricht.
Ich bin dennoch nach Gottes Willen da und bin nach seinem Willen so da, wie ich nun einmal bin: ein durchschnittlicher und mittelmäßiger, aber doch einmaliger Mensch. Ich nehme mich daher so an, wie ich bin. Auch so bin ich nicht irgendetwas, nicht irgendwer: Ich bin Gottes Geschöpf. Darin liegt meine Würde. Niemand kann sie mir rauben. Ich lasse mich in dem, was ich glaube, von der Weisung Jesu bestimmen. Ich bin sicher, dass er mehr von Gott weiß als alle Autoritäten von gestern, heute und morgen. Wie selbstverständlich für ihn Gott der Schöpfer ist, kann jeder in den Evangelien nachlesen.
Das Dasein Gottes kann mit Hilfe des Verstandes weder bewiesen noch widerlegt werden.
Für den Menschen, der die Wirklichkeit Gottes erfahren hat, weist die Erde mit allem, was sie trägt, weist der Himmel mit allen Gestirnen auf Gott als den Schöpfer. Diese Erfahrung überwältigt uns und bewegt uns zu unserem Bekenntnis. Wir sind damit in keinem Augenblick der Geschichte allein geblieben. Gott als der Schöpfer der Welt, die Schöpfung im Kleinen wie im Großen: das ist für viele eine

überwältigende Erkenntnis geworden und ist es geblieben, stärker als alle unsere Zweifel.

Dass Gott selbst es ist, der durch Jesus Christus zu uns redet, ist eine Einsicht, die mir nie schwergefallen ist. Hier wird der Unterschied deutlich: Gottes Reden früher geschah manchmal und auf mancherlei Weise, Gottes Reden durch den Sohn ist endgültig. Das heißt, es ist das letzte, das endgültige Wort. In der Tat hat für mich Gott durch Jesus Christus endgültig, in nicht mehr zu überbietender Weise geredet. Darum ist Jesus für uns der Bürge unseres Glaubens. Hier ist etwas Besonderes, etwas Einmaliges. Jesus lehrte wie Einer, der Vollmacht hat, nicht wie die Schriftgelehrten. Bei Jesus fallen Wort und Tat nicht auseinander. Bei ihm sind Reden und Tun, Wort und Handeln eine vollkommene Einheit.
Schon diese Tatsache dürfte genügen, mir jede Art von Sicherheit zu nehmen, wenn ich den Satz ausspreche: Jesus ist ein Mensch wie wir. Ein Mensch wie wir: das betrifft die Gegebenheiten des menschlichen Daseins. Sonst aber gilt: „Er ist ganz anders als wir!"
Den Tod am Kreuz stirbt er aus einer Liebe, die allen Menschen gilt.

Für Jesus gibt es keine Gottesliebe ohne
Nächstenliebe! Er kann sogar seine Feinde
lieben.
Die frühe Christenheit hat Jesus anders gesehen.
Ich traue ihr wesentlich mehr Urteilsfähigkeit zu
als denen, die sich heute ein Jesusbild nach
ihrem Geschmack zurechtmalen. Von den
Christen der Frühzeit wird alles, was Jesus sagt
und tut, werden alle seine Handlungen bis zur
Hingabe seines Lebens mit einem Kennwort
bezeichnet: Gehorsam.
In jedem Falle entscheidet Jesus sich für den
Weg des Gehorsams. Die höchste Stufe des
Gehorsams schildert die Szene in Gethsemane.
Die Angst vor dem Kommenden! Als ihm die
Gewissheit zu teil wird, dass der schwere Weg
Gottes Wille ist, geht er diesen Weg im
Gehorsam, im Gehorsam bis zum Tode, ja zum
Tode am Kreuz.
Sein vollkommener Gehorsam macht ihn würdig,
diesen Namen zu tragen, der sonst keinem
Menschen zusteht.
So bin ich mit allen Menschen verbunden, denen
auch heute die Welt voller Wunder ist und denen
die Wunder Hinweise auf das Wirken Gottes
bedeuten. Die Blütenblätter und Staubgefäße
einer Blume, ihre stoffliche Zusammensetzung
und alle chemischen und physikalischen

Vorgänge, die der Fachmann zählen bzw. analysieren kann, sind und bleiben für mich Wunder Gottes, Beispiele seines wunderbaren Wirkens.

Mögen die Vorstellungen der heutigen Christen sehr unterschiedlicher Art sein, wenn sie vom Auferstandenen und der Auferstehung Christi sprechen, so sind sie doch im Wesentlichen einig, dass diese Worte besagen: **Jesus Christus lebt**, der Getötete ist ein Lebendiger.

Es kann uns als Christen nicht darum gehen, Jesus unter die Großen der Weltgeschichte eingereiht zu sehen, deren Werk und Leben mit solchen Aussprüchen ehrt: Er lebt weiter in seinen Werken, in seinen Ideen, in seinen Verehrern, in uns. **Jesus war nicht ein großer Mensch unter anderen.**

So ist auch der Auferstandene, der Lebendige mit keinem anderen vergleichbar, von dem man in verehrender Weise sagt, dass er weiterlebe. Das Bekenntnis zum Auferstandenen meint die Person, die wirklich lebt, nicht irgendwie „lebt", wie berühmte Gestalten der Weltgeschichte, die Person, die nach dem Tode wohl auf andere Weise, aber dennoch **wirklich existiert**, die man anrufen kann, wie man Gott anruft, von der man Antwort empfangen kann, wie man von Gott Antwort empfängt.

Wer aber im Bereich des Glaubens meint, der jeweilige Stand der Wissenschaft entscheide darüber, ob Christus auferstanden sein könne oder nicht, ob Gott existieren könne oder nicht, und sich damit den Zugang zur Wirklichkeit Gottes und des lebendigen Christus verbaut, dem **bin ich wohl nach wie vor schuldig, ihm diese Wirklichkeit zu bezeugen** und den Versuch nicht aufzugeben, sie ihm zu erschließen.
Sodann ist es üblich geworden, vor allem vom Dienst der Kirche für die Welt und von der Sendung der Christen in die Welt zu sprechen. Dabei kann man sich gewiss auf das Neue Testament berufen, sofern man nicht etwas meint, was die Kirche nun einmal nicht leisten kann. Was sie nämlich der Welt zu bieten hat, sollte wohl etwas anderes sein, als was die Welt sich selbst geben kann. Die Kirche hat der Welt mit dem Evangelium zu dienen, indem sie die Liebe Gottes, die in Jesus Christus Gestalt angenommen hat, durch Wort und Tat bezeugt. Manche Christen vergessen heute über den vielen Worten vom Dienst der Kirche für die Welt, dass die Kirche nicht von der Welt ist, wenn sie auch in der Welt existiert.
Es ist auch ein erhebliches Missverständnis, wenn Christen von der Kirche verlangen, sie solle in der Welt aufgehen. Dienst der Kirche für

die Welt erfordert das Zeugnis, dass Gott anders ist als die Welt, und verlangt von uns Christen oft genug, dass wir uns anders verhalten, als wir selber möchten und als von uns erwartet wird. Wir sind nicht von der Welt aber mitten in der Welt. Trotzdem sollten wir auf Gottes gute Nachricht hören und nicht jeder für sich Klugheiten weitergeben wollen, die gar keine sind.

Ich bin bestimmt kein Mensch, der nicht neue Gedanken aufnehmen kann. Aber ich möchte schon, dass der Gottesdienst seinem Wesen nach bleibt, was er ist, und ich habe die Befürchtung, dass die lauthals schreienden Revoluzzer, die so etwas wie eine Matinee oder ein Meeting aus ihm machen wollen, am Ende nur eines zustande bringen: eine Versammlung, **in der „ER" nicht mehr unter uns ist.**

Denen, die da sagen: Ihr müsst euch öffnen, müsst Wege gehen, die allen gefallen, denen **können wir sowieso nichts recht machen.** An Jesus haben sich die Geister geschieden bis heute. Darum, wenn die Kirche das Evangelium nach Gottes Willen verkündet, bleibt sie angreifbar von der Welt **und vielleicht eine kleine Gemeinde!**

Aus Weltgeschichte Band 5

Das Böse gibt es nur in der menschlichen Sphäre, als Ergebnis des freien Willens, auf der kosmischen Ebene kann Gott nur das Gute wollen. Seite 91

Die Wahrheit setzt niemand herab, der sie sucht, sondern adelt einen jeglichen… Man muss sie nehmen, wo immer sie zu finden ist, sei es in der Vergangenheit oder bei fremden Völkern. Seite 95

Einem um Hilfe Bittenden keine Huld zu gewähren wäre Zeichen völligen Irreseins. Liudprand von Cremona Seite 325

Nur wer sprechen oder schreiben konnte, also nur der Mensch, war zu Gebet, Ermahnung und Predigt, den Äußerungen von Freundschaft und Liebe fähig. Seite 329

Das Wissen kann auch benutzt werden, um zu wissen, um bekannt zu werden, um geehrt zu werden. Das ist Missbrauch, der immer lernt und vor lauter Kenntnisse nie zur Erkenntnis der Wahrheit, und das heißt zum rechten Leben kommt. Die wahre Philosophie ist es, **Jesus, den**

Gekreuzigten zu kennen, und zu lieben. Die Wissenschaft der Heiligen führt aus bescheidener Gotteserkenntnis und demütiger Selbsterkenntnis **zur grenzenlosen Gottesliebe.**
Wichtiger als die sachlichen Ergebnisse sind die Absichten des Wissenwollens, auf den reinen Willen der Versenkung kommt es an. Der menschliche Wille ist frei, er ist das Göttliche im Menschen und erglänzt in seiner Seele wie der Edelstein im Golde. Dieser Wille ist mächtiger als das Denken, am mächtigsten in der Selbstüberwindung. Sie aber steht am Anfang des Aufstiegs zu Gott, am Ende steht die bräutliche Einung der Seele mit Gott, in der das Ich zerrinnt, wie der Wassertropfen sich in der Menge des Weines verliert.
Die Kirche ist die Gemeinschaft der gottliebenden Seelen, nicht Behördenapparat der Kurie. Seite 529

Lerne alles, nachher wirst du sehen, dass nichts überflüssig ist. Man muss die Namen der Dinge kennen, um in ihre Natur einzudringen. Man muss das Denken schulen, bevor man die Wirklichkeit erkennen kann. Nicht die Erfahrung allein, die nur ungeordnete Eindrücke gibt, kann die Wahrheit sein, erst der denkende und sprechende Mensch bringt diese Wahrheit ans Licht. Seite 530

Die dem Menschen eigentümliche Tätigkeit, sofern er Mensch ist, ist das Denken. In der Betrachtung der Wahrheit liegt sein letztes Glück. Seite 546

In der Selbstvergottung des Individuums war das Ende der religiösen Gemeinschaften und der geistigen Bewegungen. In die Lücke traten die souveränen Territorien und fesselten die Einzelnen an sich. Seite 556

Weltgeschichte Band 7
Der wahre und einzige Alleinherrscher des Erdkreises ist Christus. Wenn unsere Fürsten übereinstimmend seine Gebote beachten, wird alles Leben wahrhaft unter der Herrschaft eines Fürsten aufblühen.
Aber es kam anders. Nicht die brüderliche, sich selbst begrenzende Übereinstimmung der christlichen Fürsten, sondern die unerbittliche Rivalität im Kampf um die europäische Vorherrschaft wurde zum Signum der folgenden Jahrzehnte.
Seite 29

In der Bartholomäusnacht wurden zunächst alle in Paris anwesenden Hugenottenführer ermordet. Darauf erfolgte die organisierte Hetzjagd eines fanatisierten Pöbels auf die Ketzer, der in Paris etwa dreitausend, in den Provinzen etwa zehntausend Menschen zum Opfer fielen.
Papst Gregor der XIII. veranstaltete in Rom kirchliche Feierlichkeiten, ließ eine Gedenkmünze prägen und befahl die Austilgung der Hugenotten durch ein Fresko im Vatikan zu verewigen. **War nun dies die Frucht der Regeneration der katholischen Kirche?**
Seite 107
Was erwiesen bleibt, genügt. Es sind Dinge, auf welche der alte Ausdruck zutrifft, die Feder sträubte sich, sie zu beschreiben; und auf welche der Ausdruck „Bestialisierung" keineswegs zutrifft, denn nie tun Tiere einander an, was hier die Soldaten den Bürgern der eroberten Städte, den Bauern auf dem Land antaten. Entmenschlichung ja, solange man dem Menschen das teuflische nicht zutraut, Bestialisierung nein. Diese gab es wohl auch, nämlich das Essen von Menschenfleisch, das nur allzu sicher bezeugt ist, von den Toten, die man mit Gras oder Wurzeln im Mund fand, zu schweigen. Ein Graf von Nassau schrieb an den Kaiser:"Ja, ich habe gesehen, dass die Leut vor

Hunger nicht allein unnatürliche Speisen, und sich untereinander selbst aufgefressen, sondern rasend worden, wie die unvernünftige Tiere, die Sprach verloren, dagegen als Hund und Wolf geheult, nicht mehr aufrecht, sondern auf allen Vieren gelaufen…"

Ihrerseits wurden die Tiere mit in die Katastrophe gerissen, wütende Hunde, die in Rudeln umherzogen, fielen Sterbende an und wurden den Lebenden so gefährlich wie die Pest. Rektor Andreae in Worms will ein totes Pferd haben liegen sehen, von dem zugleich eine Frau, etliche Hunde und Raben sich nährten.

Seite 212 Dreißigjähriger Krieg

Wohlgemerkt, es war der Fortschritt von Wissen und Wissenschaft allein, was Fontenelle interessierte. **Die Jungen, zeigte er, standen gleichsam auf den Schultern der Älteren und sahen weiter.** Da die Natur sich immer gleich bleibt, da die Bäume jetzt nicht weniger hoch wuchsen als in den Tagen des Perikles, so war auch der menschliche Geist jetzt nicht weniger kräftig als damals; sehr wohl imstand, alle bisherigen Erkenntnisse aufzuspeichern und sie zu vermehren. So aber, wie die Natur immer dieselbe war, so ist auch der menschliche

Charakter, der Charakter der allermeisten. Seite 367

Warum hat das absolut Gute das Böse mitgeschaffen? Seite 381

Aus Neukölln ist überall von Heinz Buschkowsky

Schon durch den Lauf der Zeit bedingt, sind wir auch moderner geworden und reicher. Wir definieren Armut nicht mehr an Hunger und Schwindsucht hinter den Wohnungstüren. Armut ist heute Konsumrückstand, nicht mehr Existenznot. Die Maßstäbe haben sich verändert: **Mir geht es nicht schlecht weil ich arm und krank bin, sondern weil es meinem Nachbarn besser geht.**
Kinder in Hartz IV Familien erleben nie, dass Vater und Mutter regelmäßig früh aufstehen und dann abends strahlend nach Hause kommen, weil sie Erfolg hatten, oder betrübt sind, weil es einen Misserfolg bei der Arbeit gab.
Die Wechselfälle des Lebens gehen nicht in die Erlebniswelt der Kinder ein und bereiten sie nicht auf eigene Lebenserfahrungen vor.
Hieraus folgt, dass die Kinder in diesen Familien ohne den Einfluss der natürlichsten und entscheidensten Triebfedern unseres menschlichen Seins sozialisiert werden: einen Lebensentwurf fertigen, ein Ziel haben, Leistung erbringen, Pläne verwirklichen, über Erreichtes Genugtuung empfinden, Misserfolge und Rückschläge verkraften, den Nachkommen ein

Vorbild sein, um irgendwann mit einem bisschen Stolz auf sein Leben zurückblicken zu können.

Eine sonderbare Lebensphilosophie:
Regeln sind für die gut, die sich daran halten. Aber sie sind ein unverbindlicher Vorschlag. Wenn jemand sich nicht daran halten will, auch gut. Das die Regelverweigerung so gut wie immer zu Lasten der Allgemeinheit geht, ist halt der Preis, den die Gemeinschaft für die Individualität Einzelner zu tragen bereit sein muss.
Das ist eine Logik, die mir fremd ist, aber eine nette Reinwaschungsargumentation von gesellschaftlichen Parasiten. Seite 310

Die Alleinerziehenden:
War der Verlust eines Lebenspartners früher ein Schicksalsschlag, so ist „alleinerziehend" inzwischen fast zu einer Lebensphilosophie geworden, das man mit einem gefühlten Ausrufezeichen in den Lebenslauf schreibt. Der Bundesdurchschnitt liegt bei 20 %. 45 % aller Alleinerziehenden werden vom Sozialsystem komplett oder ergänzend getragen. In Gesprächen bin ich immer wieder überrascht, mit welcher Selbstverständlichkeit Menschen davon ausgehen, dass es die natürliche Aufgabe der

Gesellschaft sei, sie zu alimentieren, und ihre Lebens- wie Familienplanung darauf ausrichten. Insbesondere bei Alleinerziehenden ist diese Auffassung recht stark verbreitet. Der Umstand durch Zeugung und Erziehung der Gemeinschaft ausreichend gedient zu haben, fungiert dabei als unerschütterliche Rechtfertigung, die jeden Zweifel als **unmoralisch entrüstet zurückweist.** Seite 51

Das Modell der Albert-Schweitzer-Schule als Ganztagsgymnasium mit spezieller Sprachförderung kostet jährlich 220 000 Euro mehr als die übliche Schulform. Das ist der Gegenwert von fünf Jugendknastplätzen. Die Gesellschaft kann sich also entscheiden, ob sie fünf Knackis ernähren oder 690 Gymnasiasten zum Abitur führen will. Seite 320
Das begreife ich nicht! 220 000 geteilt durch fünf ergibt 44 000, d.h. für einen Knacki werden 44 000 Euro ausgegeben. Dafür könnte dieser direkt wohlhabend leben. Oder man könnte direkt eine Person ihm zur Seite stellen, die ein Jahresgehalt von 22 000 Euro hätte und der Knacki ebenfalls 22 000 Euro jährlich. Davon könnten doch beide angenehm leben. Jedenfalls könnten beide besser leben als ein Hartz IV Empfänger!

Die Demokratie ist eine sehr anstrengende Gesellschaftsform. Sie setzt das aktive Engagement und die Partizipation ihrer Bürger voraus. Das mag für den Einzelnen mühselig sein, Demokratie ist aber nicht gleichzusetzen mit Beliebigkeit. Das wäre bequem und wird daher immer wieder versucht. Natürlich muss der Staat mit seinen demokratisch legitimierten Organen die Rechtsordnung durchsetzen. Nur er hat das Primat dazu. Er darf keine rechtsfreien Räume oder einen „Gegenstaat" zulassen. Das fängt bei einer „anderen" Straßenverkehrsordnung an und hört beim Ehrenmord auf.

Ein Land kann sich auch zu Tode liberalisieren. Ich bin nicht bereit, barbarische Unkulturen, die ich in einer zivilisierten Welt für immer verschwunden glaubte, plötzlich als normal und tolerabel zu akzeptieren.

Am Rande des Prozesses vor dem Landgericht Detmold über einen Familienritualmord an der Tochter erklärt nach einem Medienbericht ein angeblich hochstehender Religionslehrer: „Man kannte unsere Regeln, als man uns Asyl gab. Jetzt sagen immer mehr, wir dürfen so nicht leben. Wir werden aber unsere Religion nicht aufgeben." Dieser Äußerung lässt sich unschwer

entnehmen, dass der Religionslehrer das Geschehen für durchaus vereinbar hält mit den tradierten Werten der archaischen Einwanderer-Lebenswelt. Dazu dürfen wir nicht schweigen. Wenn, wie im Frühjahr 2012 geschehen, ein Muslim einem anderen das Messer ins Gesicht rammt, weil dieser angeblich seine Frau zu lange angeschaut hat, dann empfinde ich für ein solches **animalisches** Verhalten nur Abscheu. Meine Gedanken sind hierzu klar sortiert: „So etwas will ich nicht. Ich möchte auch keine Religionsfanatiker, ob sie sich nun Salafisten oder sonst wie nennen, die scheinheilig Bücher Gottes und des Friedens verteilen, aber Polizisten angreifen und unsere demokratische Grundordnung zugunsten eines Gottesstaates abschaffen wollen. Das Grundrecht auf freie Religionsausübung muss dort seine Schranken finden, wo es den sozialen Frieden der Gemeinschaft stört.
Die demokratischen Grundrechte bieten zu Recht Schutzräume vor Willkür und Unterdrückung. Es ist direkt perfide, die eigenen Schutzräume dann als Vehikel gegen die Grundrechte anderer missbrauchen zu wollen. Unter das Stichwort „Unkulturen" fällt bei mir auch die **Vielweiberei,** die in der muslimischen Bevölkerung in erschreckendem Maße

zugenommen hat und nach meinem Eindruck weiter zunimmt. An dieser Stelle geht es mir um den Aspekt, inwieweit wir auch im Zivilrecht gesellschaftliche Rückschritte unter dem Deckmantel der Religionsfreiheit dulden dürfen. Wenn wir die Rechtsvorstellungen des Alten Testamentes wieder für gesellschaftlich akzeptiert erklären würden, dann gute Nacht demokratischer Rechtsstaat. Wir nennen es als Strafbestände Bigamie und Polygamie. Und plötzlich ist eine Vielehe eine kulturelle Bereicherung. Wo sind eigentlich die Frauenrechtsorganisationen geblieben bei dieser Entwicklung?
Dreimal „Ich verstoße dich", und die Frauen können sehen, wo sie bleiben. Das hört sich nach Mittelalter an. Ist aber Realität in der Bundesrepublik Deutschland. Seite 361
Unter dem Stichwort Ordnungsprinzipien will ich einige kurze Bemerkungen zum Thema Kopftuch- und Burkaverbot machen. Beide Bekleidungsstücke für Frauen halte ich für entbehrlich. Sie passen nicht nach Mitteleuropa und auch nicht in unsere Zeit. Sie sind Sendboten einer Geschlechterhirarchie und des Eigentumsrechts des Mannes über die Frau. Aus diesen Gründen lehne ich beides ab. Bei Schulkindern sagt mir mein Gefühl, dass man es

zumindest in der Grundstufe verbieten sollte.
Auch im hoheitlichen Bereich der Verwaltung haben derartige Bekennerutensilien einer anderen Gesellschaft als der unsrigen nichts zu suchen.
Man kann sich nicht in Distanz zu einer Gesellschaftsform begeben und gleichzeitig ihr Vertreter sein.
In unseren Breiten schaut man sich an, wenn man miteinander redet, wir zeigen dem anderen offen unser Gesicht. Mit unserem Gesicht und unserer Mimik geben wir auch ein Stück unserer Persönlichkeit preis. Wer das nicht möchte, wer sich selbst oder einen anderen mit einem Textilgefängnis verschandeln will, hat aus meiner Sicht in Mitteleuropa nichts verloren. Seite 367
Die Ordnungsprinzipien des täglichen Lebens gelten auch für Einwanderer. Wer mit den Gesetzen dieses Landes nicht leben kann oder leben will, wem das Leben zu liberal und zu gottlos ist und wer sich nach feudalen Lebensverhältnissen sehnt, dem sei viel Erfolg bei der Suche nach einem Ort irgendwo auf der Welt gewünscht, der seinen Idealen besser entspricht. Seite 380

Herstellung und Verlag:
BoD - Books on Demand, Norderstedt

ISBN 978-3-7431-5505-3